你阿公都看得懂的理財書！

趕走窮人思維，靠自己成為富一代

關韶文 / 著

盡力把每件事做到最好，機會自然會朝你靠近

李勛

　　在這個薪資成長得比通膨還慢的時代，「財富自由」好像是一個人人都想要喊的口號。而身在這個世代，是幸也是不幸，幸運的是更多資訊越來越容易取得，我們不用像過往需要大海撈針才能找到自己想要的理財內容；不幸的是，就算我們努力爭取增加自己的收入，嘗試被動收入卻依然感到無力。

　　我依然清楚記得一句廣告台詞：「我早就放棄買房，只煩惱中午吃什麼。」

　　面對通膨巨流的現在，我們的薪水就像是一粒沙，想要填成一片無垠且充滿綠意的土地，卻還是被無情的海浪給破壞殆盡。

　　但是，還是有不放棄的我們，依然願意面對這個殘酷

的社會與殘忍的薪水，努力的存錢、省錢，為的就是讓自己更有安全感。我們沒有出生在富裕的家庭，卻希望有一天可以靠自己打造富裕，我就曾經開玩笑的跟關關說：「其實我們真的都算是白手起家。」

一個在 23 歲存到 100 萬，一個在 25 歲存到 100 萬，雖然不是真的非常厲害，但我必須說我們真的很努力也很幸運，想盡辦法增加更多的收入，不管是增加打工也好，或是開始經營自媒體也好，這些事情你沒有「做」，就永遠不會有收入進來。或許有人會認為我們是倖存者偏差，成功了才敢說這些話，但是當你沒有「實踐」，就永遠不會有機會成功。

至於要怎麼增加收入或是做哪些努力，我相信你透過這本書一定會感受到，就是那一股不服輸的精神，所以才讓關關努力到現在，他連現在也是把自己的工作排滿滿。

雖然很多時候我們都會嫉妒別人的生活，甚至會自暴自棄，覺得為什麼別人跟我一樣年紀卻比我有成就、存款比我多……但我一直很想跟大家分享的就是：當你盡力把每件事做到最好的時候，機會自然而然會朝你靠近。

跟大家分享我很喜歡的一首美國詩：「你沒有落後，你沒有領先，在命運為你安排的時區裡，一切都會準

時。」

　　就算你剛起步，覺得存錢很慢、很累也沒有關係，這些階段我們都經歷過，這本書一定會讓你感同身受，原來世界上不只你一個人面臨這種狀況。我們都曾經很省，省到有些人會笑你，但也是因為我們省，而成就了現在的我們。

　　只要你有目標，那就勇敢地向前走，這本書給你的能量絕對足夠帶你走過你正面臨的低潮。我們一起加油吧，一起變成更好的人，迎向屬於我們的理想生活。

　　　　　　　　　（本文作者為理財作家、新生代理財 YouTuber）

出身不是藉口，
奮力一搏才有機會翻身

蕾咪

　　關關是我見過最努力的 KOL，聽著他分享剛出社會打了好幾份工，就是希望能夠快速還清學貸，我經常想，到底還有哪些人有藉口抱怨這個世界不公平？身為投資理財 YouTuber，我們常常看到許多酸民負面留言，說自己無法翻身、說自己揹負學貸、說自己月光族，可是當細細品嘗關關的故事以後，你會發現這些藉口都不存在，即使身陷同樣的困境，他總是奮力一搏，打出自己的一片疆土。

　　我非常欣賞關關爽朗的笑聲，每一次都覺得他真是個能夠為他人帶來歡笑的人，隨著瞭解他更多，才發現在幽默的背後，私底下的他比誰都還認真，認真學習各種投資理財知識、認真從研究信用卡優惠找出省錢的機會、認

真研究金融商品的特性，就只是為了讓自己擁有翻身的一天。

　　從每個小資族都可以開始起步的存錢心法與信用卡省錢技巧，進展到財務規畫中的保險規畫，接著是買房經驗談到事業心法，關關在這本書中，毫無藏私地分享他的人生經驗。

　　也許，我們不一定總是能複製他人的成功經驗，但是，閱讀完這本書，我們卻能學習他的精神，並且看著他一步步的成長，就像是一劑強心針一樣，讓每個人可以更加地相信堅持夢想，就能找到力量，我們的出身決定了我們不是富二代，但是我們可以靠自己打拚，讓自己成為富一代，讓自己擁有不一樣的人生。

（本文作者為知名財經作家）

最接地氣的理財分享

丹妮婊姐

　　關韶文超愛分享乘車優惠券給我，折個幾十元真是開心哈哈哈哈！然後我陸續發現他很懂各種折價的小東西，我真的都不知道他從哪裡搞到的!! 我有天就說：「你根本就是 Coupon 天王！」

　　希望他什麼折價券永遠都要想到我哈哈！

　　除此之外，他對賺錢、理財都有高度的熱忱，靠著這幾個方式搭配使用，他讓自己的薪水成長了非常多。在這個時代，大家更想要收入成長吧？以他最接地氣的理財分享，簡單而直覺的方法，相信讀者都能變成跟關韶文一樣的大富翁啦哈哈哈哈哈！

（本文作者為作家、YouTuber）

你不能選擇在哪出生，但你可以選擇成為怎樣的人！

嗨！大家好！我是關韶文！在理財這條路上，我不敢說自己是研究生，我只是一名半路出家的練習生。因為生活的需要，我從學生時期就開始學習「精打細算」，長大後就學會了如何理財，我更清楚知道「你不理財、財不理你」的道理。

在網路上一支「23 歲存到 100 萬」的影片中，我分享了自己許多存錢的方式，也開啟了一系列的理財單元，像是：信用卡統整、報稅懶人包、投資新手入門等不同的單元，希望透過簡單的整理和分享，讓每一位讀者不要害怕理財，而是面對它！找到自己最適合的存錢法！

這不會是一本「高端理財祕笈」，因為我自己也還是一個理財新手，這三十一年來累積不同的社會經驗，也因為一路打拚，從負債到學會如何儲蓄、賺利息、用負債投資，我把這本書定義為「心法分享」，如果你也和我有類

似的成長背景，那請你跟我這樣做；如果你的背景和我完全不同，那就找到適合的手法參考使用。

回想小時候我們常常聽大人說很多夢想，像是如果可以排到綠卡，全家人就要移民美國落地生根，無奈現實總是殘酷，別說機票錢了，更不用說當地的生活水平和工作機會，如果沒有做足準備，在當地根本很難衣食無缺地好好生活。

因為家中經濟狀況的緣故，我一直都知道自己「沒有含著金湯匙出生」。我最印象深刻的就是，當我從我的房間走到另外一個房間，爸爸就會跟在後面急著關燈，甚至連洗澡的抽水馬達、熱水器，都被規定一天只能開 15 分鐘，洗完澡就要立刻關掉。

媽媽因為公司經營不善，導致債務纏身，家中時常會接到不知名的討債電話，甚至有好長一段時間，我幾乎都帶著美工刀在口袋裡，就怕莫名被跟蹤、莫名被找到，我告訴我自己：「以後長大不要再過這樣的日子了！」

過去從來不覺得自己跟「理財」有關，只覺得我必須學會「存錢」，自從開始經營自媒體後，分享了許多投資觀念。不論你是在電視節目、YouTube、IG、Facebook、Podcast 認識我，我都希望透過這本書能好好分享我對金

趕走窮人思維，靠自己成為富一代

錢的看法和作法。

　　如同我的第一本著作《不要羨慕別人花開得早，要努力讓自己花開得好！》在理財的這條路上，我也是這樣告訴自己。千萬不要害怕未知，因為我們可以學到很多，尤其理財這條路上，從現在開始學習，打通觀念後，就能夠趕走守舊的思想，打造屬於你的「金錢腦袋」！

目次

你的成長
決定你能不能成為有錢人

Coupon天王！
信用卡「魔術賺錢法」

Chapter 3
還在無腦存錢嗎？請你跟我這樣做！

Chapter 4
你是真的「買個保險」了嗎？

Chapter
5

股票打造被動收入，
提早練習賠錢才會賺錢！

Chapter
6

我這樣對抗通貨膨脹！
30歲買了2間房子！

Chapter
7

我要當老闆！
開創自己的事業怎麼做？

ethan_kuan_kuan

Chapter **1**

你的成長
決定你能不能
成為有錢人

當年的我，每天都覺得快窮死了！

我們常會在網上看到很多人討論：小孩要「富養」還是「窮養」？當然這個問題本來就沒有標準答案，但在無法選擇的情況下被窮養長大的我，似乎對生命有不同的看法和獨有的韌性，我一直告訴自己，「如果想要，我就必須靠自己爭取來！」

最深刻的感受來自學生時期，幾乎一整個禮拜都只吃麵包，才能買下一張專輯。我原本就很愛參與娛樂活動，尤其當歌手又要推出預購版、正式版、慶功改版時，真的不能錯過，所以只能靠著好好妥善分配零用錢，才能買到自己想要的東西。

我記得高中時，一個月零用錢只有 8,000 元，扣掉我每天早上 5 點從遙遠的台北南邊搭捷運到北投（50 元），再用轉乘優惠轉公車上山（6 元），一天來回就要 112 元。一個月大約有 22 至 24 天上學日，如果還要加上放學去補習、其他接駁轉乘，平均要花 3,000 元通勤，所以每個月

生活費大約只有 5,000 元，平均一週 1,000 元再多一些，於是我強迫自己學會如何精打細算！

我盯著捷運地圖看，發現如果我願意「提早一站」下車，就能夠剛好省下差價 5 元，步行一站的距離大約 15 分鐘，我就當成每天回家走路運動一下，畢竟當年還沒有 YouBike 這種方便的產物，只能用雙腳替自己省錢。

每次補習前，我總會在台北車站的熱食街吃飯，那裡也是許多高中生戲稱的「ㄆㄨㄣ街」，什麼食物都好便宜、俗又大碗，只要點雞排炒飯 50 元，還可以提供「+5 元」再添一次飯的服務，後來我就會把加飯外帶，隔天「加熱」當作午餐，也意外省下一筆午餐費。

因為「錢不夠」，也理所當然失去了很多「好玩的機會」，像是大學的海外畢業旅行我選擇放棄參加；畢業後沒辦法去打工遊學、打工換宿，只能選擇趕緊就業。尤其我們世新廣電的課程中，許多攝影課需要的器材，我都和同學共用，甚至連必修課的課本都去請學長姐傳承給我。

雖然成長過程中，沒有享受到「有錢人」的任何福利和待遇，甚至在家中長輩事業不順利時，真的覺得「天要塌下來了！」很擔心自己可能哪一天就要窮死了，我很急著想要長大，希望能夠靠自己賺錢，過自己想要的生活。

即便過去和「金錢」緣分不多，但至少我一點也不仇視「錢」，反而期待自己有機會可以賺錢、存錢、有錢，不敢想自己未來有沒有辦法變成有錢人，但首先我們要「不討厭錢」，才能夠好好面對它、擁有它。

如果沒有富二代的命，也期望自己能變成富一代吧！不求未來能夠變得多有錢，只希望自己能夠點菜不用看價錢、買東西不用算半天、搶贈品，或許這對我來說就是生活上的「財富自由」了。

 理財班主任金語錄　　　　　　　　　…

> $ 即便過去和「金錢」緣分不多，但至少我一點也不仇視「錢」，反而期待自己有機會可以賺錢、存錢、有錢。
> $ 如果沒有富二代的命，也期望自己能變成富一代吧！

先要有錢，才能有選擇權

　　我一直都覺得「先要有錢，才能有選擇權」，或許你會覺得這樣的想法很世故，但我們必須面對現實，很多時候你要先有錢，你才能夠選擇，例如選擇公立或私立的學校、選擇吃餐廳還是路邊攤、選擇買平價服飾還是精品服裝？是的，沒錯，我們不用太有錢，但必須擁有足夠應付生活的錢，才能夠擁有選擇權。

　　更不用說，如果未來有一天當了爸媽，小孩要過什麼樣的生活，更是每一個小細節都關乎「錢」，例如買什麼牌子的娃娃車、添購什麼等級的安全座椅、要不要接收恩典牌童裝。這也是為什麼俗話總說「貧賤夫妻百事哀」，很多事情一遇上現實，光有夢想不夠，有錢才夠。

　　第一次體認到「錢不夠」這件事，是國中畢業的時候。我的考試成績不夠好，本來只能上高職，但偏偏我這個人沒有什麼特殊專長和技藝，在還不確定自己未來方向時，不想要輕易選擇高職就讀，於是家人幫我找到了一間

收費不低的私立高中。

　　我上網查了一下，發現一學期的學費至少要 5 萬起跳，還有課後輔導、校車等其他費用，林林總總加起來至少要 7 萬元，若把校外的補習費再算進去，以單親家庭的收入，加上我還有小兩歲的弟弟，這個情況下，我根本不可能選擇就讀私立高中。

　　最後，我決定再去考一次基測（當年有兩次基測，第一次考試過後可以推甄申請，第二次才是統一分發），不過成績一直都在中後段班的我，果然還是第一次考試成績比較理想，我就把台北市的公立高中從第一間填到了最後一間，放榜時剛好卡位當時的最後一間公立高中，也就是位於北投的復興高中。

　　在馬斯洛提出的需求層次理論中，從最基本的生理需求（呼吸、水、食物、睡眠）、安全需求，再到社會需求、尊重需求，最後才是自我實現、自我超越需求，其實我們從很久以前就心知肚明「錢對我們來說有多重要」，只是不想去面對它。

　　尤其在網路上總會有人「仇富」、「拒絕談論錢」，好像這樣自己會比較清高，其實不是的，這樣的作法只是在逃避面對「金錢在我們生活中扮演的角色」。雖然一直

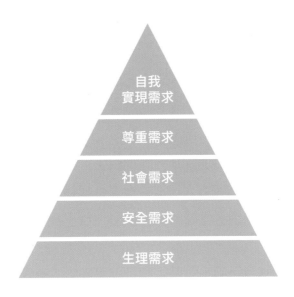

談「錢」可能真的很俗氣,但是如果許多合作案、許多規範不先定義清楚,最後都會出事,「我寧可先俗氣,也不要最後生氣!」

我們超常聽到**「錢不是萬能,沒有錢萬萬不能」**,先認清「錢」對生活的重要性,才能學會如何去存錢、理財,才能擁有自己人生的選擇權。

讓我們重新定義「錢」的價值

　　如果你在一群朋友裡大膽問說：「誰愛錢？」相信敢承認的人很少，因為大家常常會覺得愛錢好像很庸俗。但我們工作、生活、享受的每一分每一秒，其實都和錢息息相關。

　　剛創立自媒體平台時，我自己定義的「初衷」就是要「賺錢」。因為我很清楚明白，如果我喜歡這件事，就必須要有收入；如果我要把自媒體當成我的工作，就必須有收入。

　　就像近年來大家很常聽到許多 KOL 會說「要在業配和初衷間取得平衡」，我常常開玩笑說，「我的初衷本來就是業配」，所以我並不擔心初衷改變，因為我希望能快樂做我的工作，並且帶給人快樂，那這份工作就可以讓我繼續下去。

　　在真正開始認識「錢」之前，我們必須先理解「錢」。這幾年許多報章雜誌、網路影片很常談到一個觀

念：「**錢本身並沒有任何意義，錢的本質是信任。**」

古時候，在沒有錢、信用卡之前，是用以物易物的方式交易，例如：A 擁有一個畜牧場，想用 2 公斤的牛肉，跟 B 交換雞蛋，而 A 認為自己 2 公斤的牛肉價值，可以交換至少 10 籃雞蛋，可是偏偏 B 戶人家現在沒有這麼多雞蛋，就把它記錄下來，兩人彼此講好這份交易，作為紀錄。

當然，這樣的交易方式非常麻煩，因為每一個人和不同的人交換，都必須要有專屬的「紀錄」，最後才有了銅錢、孔方兄，一直到現在的貨幣，換句話說，「錢」就是一個價值交換的代幣。其實很多網路文章、理財書籍和 YouTuber 都分享過這樣的觀點，錢之所以有價值，是因為我們相信它。

我們常常覺得是用勞動換取報酬，其實是用自己的信任價值來換取金錢。像是我們去跟銀行貸款，如果你的信用越高，能借出來的錢就越多。聯徵人員往往會以電話詢問，「你是做什麼工作、月收多少？」用這樣的條件來評估你的還款能力，因為你有多少信用，你就值多少錢。

如果今天市面上有兩台音響，價格和性能一模一樣，你會選知名品牌還是陌生品牌？我想多數人應該都是選擇

「知名品牌」，因為如果真的出了什麼問題，售後服務比較完善、維修據點也比較多，這就是我們對品牌的「信任」，而這些信任就是值錢的原因。

像是許多新產品上市，如果是你沒聽過的牌子，就算標榜再好用、再便宜，你可能也不會買。廠商會找明星藝人代言、網紅 KOL 業配，是因為要讓大家更相信這些產品的功能和價值，這比花多少錢降低售價、提高品質來得有效許多，這也是為什麼每項產品上市後，至少都會留 30-40% 的利潤當作行銷預算，也就是「用錢換取信任、再用信任換取更多的錢。」

許多直銷、傳銷品牌會主打「我們把廣告費都拿來提升產品品質」，其實這樣的一句話本身就是廣告，他選擇主打「不找明星代言」，用傳直銷的方式找下線推銷商品，一樣是用信任換取報酬。

所以必須先有信用，才會有錢。我們要不斷賺取更好的信用，在公司獲得機會升職、在朋友圈獲得信任、從客戶拿到更多的案子，只要有更好的信用，就可以賺到更多的錢。

趕走窮人思維，靠自己成為富一代

幫全班代購、賺自己的補習費？

　　記得我小時候就熱愛「精打細算」，我從來不開口跟家人要「更多的零用錢」，而是去想辦法「獲得更多的機會」。我一直很清楚，人生的許多條件裡充滿了「交換」的概念，當你想要做更大的夢，就必須付出更多的努力。

　　以前很常在網路上分享一句話：「**如果離夢想還有一點距離，就去做跟夢想靠近一點的事吧！**」在學生時期，如果離「金錢」還有一點距離，那就想辦法靠自己的努力，從中賺取跑腿費吧！

　　我以前就很愛去藥妝店買各種日用品、保養品，可是很多高級的牌子本來就要價不斐，我就每天去、每週去，把所有商品的標價記下來，等到優惠活動「+1元多一件」或「第二件5折」時再來大量採購，而且會仔細算清楚每件產品的「單價」，不會被優惠活動沖昏頭，如果ml數太大也會選擇不囤貨，只選自己真的用得完的商品。

　　最熱衷代購和跑腿的日子裡，我還會把整份藥妝店

DM 帶到半山腰的校園，當時我們還是男女分班，我就分別給不同班級的同學圈選喜愛的產品，然後幫同學們湊「2 件優惠」。雖然因為標價明確，很難從中賺取利潤，但也因此有了「團購優惠」的概念，讓我現在在經營團購品牌時，更清楚自己的定位和手法，讓消費者買單。

即便只是簡單的跑腿，但我可以登記我的「藥妝店會員卡」，印象最深刻就是週六點數「6 倍狂飆」，所以我都會搜集各種需求，然後在週末時一次購入，尤其 300 點點數就可以再折抵 1 元，讓我下一次購買自己需要的商品時，完全用點數折抵。（更誇張的是，300 元的商品我會選擇只要折抵 299 元，因為如果發票 0 元就無法兌獎，即便省錢也要把運氣留下，讓自己碰碰手氣！）

不知道大家跟我是不是同一款人？只要吃到、用到很喜歡的東西，就會在朋友群裡大肆推廣，甚至把朋友推入坑後，就算我沒賺到錢，也是有滿滿的成就感！

而我第一次感受到「業績」，應該是來自補習班的「介紹費」。當時我在知名英文補習班補習，一學期學費大約 1 萬 4，因為覺得上萬元的補習費負荷真的太重了，根本等於一學期的高中學費，於是我只跟家人拿了 3,000 元的頭期款，後面想盡辦法靠自己努力去補足。

我問自己，「我還是一個高中生，又不能打工，應該怎麼辦？」我問了補習班的班導師有什麼辦法可以賺取學費，他們很貼心提供了幾個方法：

1. 介紹一名同學來補習，可以獲得 1,000 元。
2. 四人湊團報名領 500 元、六人 1,000 元、八人 1,500 元，以此類推……。
3. 一邊上課一邊幫忙擦黑板、調整錄影鏡頭設備，一堂課 300-400 元。

你們猜我選了哪一種？沒錯，「小孩才做選擇，我全都要！」於是我開始介紹身邊朋友來試聽，也提醒他們，如果介紹人填我，我們彼此都可以減免 1,000 元的學費。很幸運地，因為在班上英文成績還不錯，也拉了很多同學來補習，我成功湊到了介紹費、團報費。接著我懇求班導師讓我使用「分期付款」，每個月固定繳交 3,000 元，拆成一學期四個多月繳完，就這樣慢慢償還餘額。

本來以為是一件很有壓力的事，誰也沒想到就這樣默默完成了，當我拿到最後一張收據「欠費 0 元」的時候，我買了一支知名品牌的冰淇淋犒賞自己，告訴自己，「一

定要記住這種感覺，靠自己努力得來的最美！」

　　沒有富爸爸和乾爹，雖然靠自己真的比較辛苦一點點，但這種快樂，是連我現在想到都會嘴角上揚的。

 理財班主任金語錄　　　　　　　　　**• • •**

＄如果離夢想還有一點距離，就去做跟夢想靠近一點的事吧。

＄你有多少信用，你就值多少錢。

我的第一份工作：
兩個月賺到 10 萬元！

「爸，從今天開始，不用再給我零用錢了！」說完這句話後，我耍帥關上房門，原本以為會有人來敲門，沒想到就這樣決定了，在高中畢業後的那一年，我決定不再跟家裡拿錢⋯⋯。

有人跟我一樣是「週年慶寶寶」嗎？我從學生時期就熱愛各種週年慶優惠，雖然沒有什麼大錢可以到信義區逛街，但是以學生來說，能去中山站、西門町、東區逛街撿便宜，已經是一件很幸福的事了。

因為家裡觀念比較保守，我連偷偷打耳洞都會被罵，甚至換了兩顆耳環，就會被唸：「你不是已經有一個了嗎？為什麼又要換？」就連手機殼、包包，只要買到第二個就會被罵。最誇張的一段日子裡，我還會把週年慶血拚回來的大包小包，統統放在家中兩層的鐵門中間，等家人都去睡了，再偷偷開門把戰利品搬進房間一一開箱。

高中畢業後，選擇到補習班打工，也就是我自己賺學

費補習的英文補習班，這是一份有業績壓力的工作，比我想像中的還要難很多，雖然我才 18 歲，但是我心中很清楚：**「你要有業績壓力，才能代表你有業務能力。」**

打著一通又一通陌生電話，邀請學生來聽課；向一個又一個家長攀談，詢問上課狀況；發著一張又一張傳單，腰彎到最低展現誠意。比起一般人打工選擇的飲料店、超商來說，這份工作確實有一些難度，必須面對比自己大 20 歲以上的客戶，還要內心完全不顫抖地推銷課程，想起來真是辛苦。

我記得一開始只是邀約同學來試聽課程，沒想到業績還不錯，很快就創下了單日排行榜的紀錄。大一開學後我就被資深主管相中，問我要不要去打「推班電話」，也就是推銷上課的電話，把每個試聽完課程的同學留下來，好好跟他們聊天，並且追蹤每位學生狀況，如果他們要去其他補習班試聽，我也必須一個一個追蹤，只要一位成功報名繳費，我就可以拿到獎金 200 元。

到了大一升大二的暑假，我才發現這是補習班的「最大戰場」，我們從四月就開始進入備戰狀態，迎接繁星、申請已經找到高中就讀的國三生，接著把所有國中按照地區分類，例如介壽國中、金華國中，就被歸類在台北市成

趕走窮人思維，靠自己成為富一代

績好的學校裡，要派出比較伶牙俐嘴的工讀生接待家長。當然，我就是被分配在第一批的戰隊。

每一個暑假對我們來說都像是夏令營，大學同學們紛紛去打工度假，而我則是選在台北拚經濟，好好接待每一位學生、好好面對每一位家長，因為對我來說，**「只要是願意來試聽課程的人，都有可能是大肥羊！」**

過程中，當然也經歷許多很辛苦的時刻，例如我會被家長痛罵、被學生掛電話，甚至有些好不容易來繳費完成的學生，會被別的補習班拉走而選擇退費。我每天在辦公室看著業績表單，都好希望自己可以再往上衝一點。

到了第二年的暑假，我已經完全進入狀況，很清楚自己的定位和角色，必須用不同的身段面對客戶。每天早上10點起床後，第一件事就是騎機車衝到補習班上班，一直到晚上才離開。那年夏天，我創下了補習班史上最高的業績，一個月的報名人數突破新高，幾乎整個年級的六分之一學生，都是由我經手報名的。

除了拿到該有的業績獎金、團體獎金，我還上台接受主任頒獎，那份榮耀我永遠不會忘記，這份工作帶給我的任何回憶，都是很重要的寶藏！也因為辛勤工作，在大二那一年，我平均兩個月賺超過10萬元的薪水，也奠定了

我「愛存錢、會存錢」的重要基石。

　　從來沒有偏財運的我，一直相信凡事要靠自己努力，就算對發票怎樣都不會中獎，但我知道好好努力就會有收穫！

理財班主任金語錄　　　　　　　　　　　•••

> $ 你要有業績壓力，才能代表你有業務能力。
> $ 只要是願意來試聽課程的人，都有可能是大肥羊！

23 歲就存到了 100 萬！

　　每個人都期望可以存到第一桶金，你的第一桶金是什麼時候存到的呢？該不會到現在都還沒有存到吧？因為我很熱愛工作，把每一天都獻給了工作，我在 23 歲那一年，就存到了人生第一個 100 萬！

　　回顧我打工的歷史，其實第一份工作就這樣做了六年以上，即便出了社會擁有正職，我還是會利用晚上和假日的空檔去打工。因為我畢業後第一份工作是在電視台擔任約聘工作人員，當時一個月只有 2 萬 6，還要再扣掉勞健保，真正拿到手的薪水寥寥無幾，只能說我很幸運住在家裡，至少不用額外負擔房租。

　　我知道許多來台北就學、上班的朋友一定比我更辛苦，可能要負擔龐大的水電費和租金，以及每個月返鄉的車資，這些其實都是每個人的必經過程，但一定要記住，**現在每個不同時刻的你，未來都會成就一個專屬的你自己。**

　　出社會第一份薪水 2 萬 6，跟我大學打工比起來差多

了，以前我光打工每個月就至少將近 4 萬元（底薪加獎金）。但我心想，都這麼辛苦考上了世新廣電，不可能就這樣留在補習班一輩子吧！這樣多對不起自己的夢想！所以我打算用時間來換取更多金錢。在還不理解任何「投資」概念時，我們唯一的信仰只有「用勞力換取報酬！」當然過了這麼多年，誰不知道可以用錢去賺錢，**可是在想要用錢賺錢之前，你必須要先有錢！**

我最高紀錄是一次做「四份工作」，白天在華視擔任正職人員，晚上到三立去擔任電視節目工讀生，假日回補習班打工賺相對高的時薪，平日午休和半夜我會寫部落格，偶爾接接合作業配。

我透過不同的工作，盡量累積到自己「滿意的月薪」，就是為了能一邊兼顧喜歡的工作，一邊維持一定的生活品質。請相信人生就是充滿「選擇」和「交換」，在年輕剛出社會時，我選擇用時間換取更多經驗和經歷，累積更多無價的人脈存摺，才有可能在我未來需要時提領出來！

當我大學畢業要離開補教業時，面臨一個很重大的選擇，前輩用了高薪希望我留下，我思考了兩天後，決定去傳播圈圓夢，不然對不起考上世新廣電的自己。至今我沒有後悔，我很慶幸現在的自己正在做一個更大的夢，而不

是困在同一份工作裡十年。

　　其實並不需要比較幾歲存到第一桶金，因為每一個人都有自己的節奏。但是如果超過 30 歲還沒有存到第一桶金，確實要回頭檢視自己「是不是月光族？」當然，如果是就讀醫學院、博士學程，比較晚出社會的則另當別論。

　　寫到這裡，我也想問問你，你現在幾歲？你能使用的存款大約有多少呢？如果已經有了一桶金，期待幾年後再存到第二桶金呢？寫下目標，讓我們向宇宙許願吧！

　　未來的自己，會很感謝今天的你，這麼努力、這麼勇敢。

 理財班主任金語錄　　　　　　　　•••

　　$ 現在每個不同時刻的你，未來都會成就一個專
　　　屬的你自己。
　　$ 其實不需要比較幾歲存到第一桶金，因為每一
　　　個人都有自己的節奏。

想還就學貸款，居然還被罵？

　　我記得在工作一段時間後，很幸運存到新台幣 100 萬，看著自己的戶頭竟然能夠有這樣水位的存款，其實是很開心的。但我很清楚，這不是我的錢，因為我大學學貸一學期是 6 萬多，8 個學期下來就是負債將近 50 萬，更不包含其他買器材和課本的費用，所以這段日子，其實是很有壓力的。

　　我一心想著，我不要在畢業走出校門那一天就負債，希望能夠努力償還貸款。是的，**大部分台灣民眾都很害怕貸款，因為覺得「只要欠別人錢，就會過得不快樂。」**我一開始也是這樣想的，直到後來，有人改變了我的想法。

　　我準備了 100 萬存款，走到巷口銀行的櫃檯，行員們好像有默契般，彼此使了一個眼色後，立刻派人引導我前往二樓「理財中心」。我坐下後就有專員跟我講，「我建議你不要急著還款……」當時的我滿頭問號！

　　「可是我不想要負債！」年少的我吶喊著。

「等等，你先冷靜，你知道學貸利息多少嗎？」

「我不知道！我不想要欠錢！」

「可是學貸的利息其實比房貸和車貸還要低！」

「那我應該要怎麼做？」

「我建議你可以拿去買不同標的物的產品配置。」

這位理專其實改變了我的一生，也讓我對「負債投資」這件事情有了新的看法。我們應該在急著償還債務以前，先認識「利息」。

如果學貸利息是 0.9，在數位銀行存年利率 1.1% 活期存款，完全不用進行任何投資的情況下，我就可以賺到 0.2% 的差價。也就是說，如果急著把 50 萬還給銀行，除了手上緊急備用金瞬間歸零外，還不算進未來八年、十年通貨膨脹的空間，更不用說，如果把這筆資金拿去投資 4%-5% 穩定配息的 ETF，更有機會賺到錢。（當然，投資理財絕對有賺有賠。）

我相信很多人看到這裡，一定也有很多疑惑，不是應該不要欠錢才對嗎？如果要教人理財，怎麼還會不先把債務還掉？是的，我一開始也不太能理解這樣的作法，我花了好多時間研究書籍、網路文章，才理解「利息」、「債

務」的概念。

這裡的「不用急著還錢」，是必須把手上的現金拿去做「更有效的配置」。但如果你一拿到錢就會買名牌包、大啖高級料理，那麼我建議你還是把錢還掉吧！以免最後把現金花光光，還要重新把貸款的錢賺回來，簡直賠了夫人又折兵。

當然，一定也有人質疑，理專是為了自己的業績，建議客戶去買他們抽成比較高的基金，我也不否認這樣的可能。所以當你選擇「按照規定慢慢還錢」時，也可以自行思考如何購買投資標的物，而不是一股腦兒就跟著別人走。

我很慶幸在 23 歲那一年，憑藉著努力工作存到了100 萬，更幸運的是，認識了一個真正為我著想的理專，告訴我如何用錢去賺錢，讓我提早清楚這樣的觀念，才能打通「理財」這條路上的任督二脈。

30 歲前我找工作，
30 歲後工作來找我！

　　我很常在自己的社群平台上分享一句話：「**30 歲前我找工作，30 歲後工作來找我！**」我相信，剛畢業的那段日子裡，畢業生一定會經歷一段很迷惘的時期，甚至可能換過一、兩份工作，還會質疑自己，「我是在做對的事情嗎？」不用懷疑，你是！

　　雖然沒有富爸爸的家庭背景，但我反而覺得在逆境中更能學會生存。從高中開始，我就不斷在摸索自己的興趣和方向，很清楚自己對「傳播圈」很有興趣，並且我希望能夠**「把興趣變成工作」**，我一直朝著這個方向前進。

　　這中間換過幾次平台，從傳統媒體、網路新媒體，再到自媒體，很多人會以為我跳槽過幾家公司，但對我來說，我只是跟著趨勢走，因為我想要做「有人在看的事」，希望自己做的新聞報導、專訪影片有好的瀏覽量，這樣才有成就感繼續做下去。

　　在 30 歲以前，我做每份工作從來不在乎薪水多少，

反正我想，我就是照著興趣走，如果錢不夠就回補習班打工。我一直告訴自己，30歲以前工作不追求大富大貴，只追求好好表現，跟全世界介紹「我是關韶文！」先累積屬於自己的人脈存摺，到了30歲以後，工作自然會找上門。

我非常建議在剛出社會的日子裡，絕對要選「自己喜歡的工作」，別為了薪水高、離家近而妥協。不然，等你過幾年發現入錯了行，工作使你不快樂，到了27、28歲，即使你願意找起薪更低的工作，雇主真的也寧可用比較聽話的大學新鮮人，就很難再重新轉換跑道了。

前陣子工作室要擴編，我在網路上徵求履歷，收到各式各樣的奇葩來信，看了真的會忍不住笑出來，像是：

「我住基隆、在台北上班，所以我熟悉北北基地形。」
「我國中參加兩人三腳跳繩，附上運動會照片！」
「我很熱愛表演，希望能從幕後走到幕前。」
「我已經有正職工作，單純想跟你們學習可以嗎？」
「可以先說明一下員工福利有哪些嗎？」

我明白現在年輕人對工作和生活的比重，跟我們80年代的想法不盡相同，可是這樣的履歷開場白，也太趣味

趕走窮人思維，靠自己成為富一代

了吧！當然，也有從海量信件中找到很感動的：

「我願意不拿工讀費，在這裡好好學習。」

「我待過兩間電視台，做過幾次拿金鐘獎的節目，但我想跟你一起成長。」

「一直很欣賞你的工作態度，抱歉信件來晚了，因為我花了幾天好好整理履歷。」

我不確定「工作」在你的時間分配比重占多少，就算你未來想要創業當老闆也好，我建議至少要去「大公司」過個水，看看別人大企業如何運作、看看那些主管多討人厭、看看那些前輩如何偷懶。你必須看清一個組織的模式，未來當自己走到不同位置時，才能夠提醒自己「不要成為這樣的大人！」

每個人的第一桶金絕對是存來的，所以第一份工作選擇確實很重要，累積好的履歷、好的人脈存摺，才能在未來的日子裡被看見。而你，一定也要相信，只要你是鑽石，到哪裡都會發光的！

理財班主任金語錄 ...

$ 大部分台灣民眾都很害怕貸款，因為覺得「只要欠別人錢，就會過得不快樂」。

$ 每個人的第一桶金絕對是存來的，所以第一份工作選擇確實很重要，累積好的履歷、好的人脈存摺，才能在未來的日子裡被看見。

$ 只要你是鑽石，到哪裡都會發光的！

趕走窮人思維，靠自己成為富一代

ethan_kuan_kuan

Chapter **2**

Coupon 天王！
信用卡
「魔術賺錢法」

小資族第一張申辦的信用卡

　　我滿 18 歲之後，就開始關注「和我有關係的」各種事。記得我最期待滿 18 歲的第一件事，就是去把「手機號碼」過戶到自己的名下，因為過去家人偶爾會覺得我的電話費、網路費太貴，或是又想要換新手機重新綁約，為了免除這些困擾，我一樣秉持著「自己的消費自己扛」的心情，申辦過戶。

　　前面分享過，在大學時我把每天的課餘時間都留給工作，有一天看著公車開過，寫著「富貴要人幫，刷卡刷富邦」。我本來就是那種很容易被廣告標語吸引的體質，甚至很常看廣告看到落淚，就不小心跟著購入了某產品，於是我開始研究，為何刷卡要刷富邦？（這段不是業配！）

　　這張卡現在回頭看也頗具「年代感」，沒想到過了這麼多年，它依然屹立不搖，在市場上占有一席之地。通常我們推薦信用卡，都是半年、一年就會調整一次優惠，沒想到這張信用卡依然在市場上活躍著，沒錯！看到這裡你

應該猜到了！就是「富 X 數位生活卡」。

這張卡現在主打的優惠是數位通路 2% 現金回饋（上限 300 元）、一般消費最高 0.7% 現金回饋（參考資訊截至 2022 年 10 月），坦白說，比起市面上許多海量回饋的信用卡，這張真的不算是超高回饋，但好處是它幾乎不太會調整優惠，這也是我為什麼這麼多年前辦卡到現在都還在用的原因。

分享一個很驚奇的事件，信用卡背後不是都有使用年份嗎？通常至少有三至五年左右，有些比較特殊會到七年。但當大部分的信用卡當期優惠過了，如果要收年費，我基本上都會選擇剪卡，沒想到富邦這張我居然能一用就用到過期，有一天收到來自富邦的掛號信，竟然是新年份的信用卡！不可思議！

不過「水能載舟，亦能覆舟」，在使用信用卡時其實也要把持住幾件事。過去台灣有一張很紅的「George&Mary 現金卡」，當時萬泰銀行主打借錢非常方便，短短兩年不到，股價就漲了八倍，卻導致許多年輕人「亂借錢」，最後一屁股卡債的下場。

卡債通常是信用卡、現金卡的債務，加上各種循環利息，如果你每個月都只繳「最低應繳額度」，這樣的循環

利息大概一年後、五年後就會變得很驚人，甚至你可能買什麼都要分期，陷入了以卡養卡的惡性循環，最後每個月一拿到薪水，就要拿去繳卡費，是一件很可怕的事。

雖然我很常在網路上分享「信用卡賺回饋」的各種方法，但還是要提醒各位，如果沒有把握能夠「把持住」自己的欲望，最適合你的絕對就是「現金消費」！口袋有多少錢，你就花多少錢！

不過隨著科技的演進、疫情的襲擊，很多地方開始不收現金，甚至行動支付也有更多優惠，如果你仍然無法把持住自己，至少可以透過行動支付綁定「VISA 金融卡」，刷銀行存戶裡現有的餘額，至少優惠有拿到、錢也沒亂花掉。

記住！這世界上的每一個工具，如果你能好好使用，都是加分；如果你亂使用，再好的工具都只會讓你沉淪！

 理財班主任金語錄   •••

> $ 如果沒有把握能夠「把持住」自己的欲望，最適合你的絕對就是「現金消費」！

辦卡前你需要知道的 5 件事

1. 為什麼要辦信用卡？什麼事情現金不能做？

確實，有些情況一定要用信用卡，例如購買機票或申辦分期。雖然後來許多「簽帳金融卡」可以取代類似功能，只要輸入卡號和驗證碼就能購物，但是別忘了，只有信用卡才能「累積你的信用」！

2. 為什麼要累積信用？

信用卡可以累積你的信用評分，當你未來需要辦理車貸、房貸或信貸，而銀行根本不認識你的情況下，就會評估你有沒有準時還款、拖延還款，這些都會成為你的信用分數。畢竟我們年輕時，真的不會知道未來會不會需要買車、買房，所以如果能夠盡早開始累積你的信用分數，對你在銀行申貸來說，是一件好事！

3. 卡費要準時繳清嗎？

我們收到的信用卡帳單上，會有一個小陷阱，那就是「應繳金額」分成「本期應繳金額」和「最低應繳金額」。如果你每個月都選擇只繳最低金額，那剩下未繳的部分，就會跟著下期帳單一起回來，有繳不完的「循環利息」，會讓本來想要當卡神的你，最後只能變成卡奴。

不過，因為信用卡公司很怕你「剪卡」，所以如果不小心超過幾天，有時候去臨櫃繳費「撒嬌」一下都還有點用，他們只希望你「不要剪卡」就好。但這招也不能太常用，據說每個客戶在電腦端都會有紀錄，怕多次以後就失效了！

4. 辦信用卡有什麼好處？

大家最常看到我在網路上分享的，當然就是關於「信用卡的回饋」，像是綁定 LINE Pay、街口支付之類的聯名卡，可能就享有專屬的 3% 回饋無上限，讓你不用去精算每一個不同的消費通路，都能夠「無腦消費」。

除了回饋外，許多人很喜歡的「0 利率分期」這點比較需要注意。通常週年慶、電視廣告都會強力放送，例如一台 6 萬的家電，讓你 6 期零利率，你會感覺好像「每

個月只要 1 萬」，又能夠提早享受這款智能家電帶來的好處。但千萬不要忘記，在未來的半年裡，你每個月收入進來都要先扣去 1 萬元。

如果你手上的資金比較雄厚，可以不用受到此限制，因為如果你有專屬的理財配置，可以把多餘的 5 萬元拿去投資市場，用價差賺取利息，那「0 利率分期」對你來說會是一個很划算的選擇。

5. 繳卡費前要注意哪些事？

現在因為數位銀行、純網銀非常方便，不同的信用卡都有搭配專屬戶頭，如果綁定繳款的回饋會更高。不過各位千萬要注意，一定要每個月點開「電子明細帳單」，很多人不小心被盜刷了好幾筆小額都沒發現，一旦繳款後都比較難追討回來。

跟大家分享我自己的一個小習慣，**我是那種所有 APP 都會下載好、LINE 官方帳號都要綁定的人**，所以例如我每一趟計程車下車刷卡後，我的手機確實就會震動不停，包含「網路銀行刷卡通知」、「email 電子刷卡通知」、「LINE 官方帳號刷卡通知」這三筆都同時通知，我也確認是我本人的消費，就會安心給過。

有時候莫名會有刷卡通知，我就會緊急打去信用卡客服要求剪卡，大部分客服人員都算滿機警，會立刻幫你停卡，請我這裡也同步剪卡，核對完資料後，通常一週內就會收到新的卡片。不過比較麻煩的就是，如果你有綁定Apple Pay 等行動支付，所有付款方式都必須重新驗證一次。

　　當然我也鬧過幾次烏龍，像是每個月綁定信用卡扣款的電話費、網路費，有時候工作一忙就忘記「扣款日」，結果突然收到通知時，就緊急打去說要查詢消費，最後核對完發現是自己的疏失，幸好還沒真的剪下去，不然就麻煩了！

　　信用卡對我來說是一個「雙面刃」，可以在生活中賺到許多回饋金，甚至有時候拆單消費、搭配網路購物，回饋真的可以拿好拿滿，但我也會提醒自己，千萬不要掉進消費陷阱，以免花了冤枉錢也賺不回來。

趕走窮人思維，靠自己成為富一代

所有聚會、唱歌，
我永遠搶第一刷卡！

　　所有理財文章都會提到，一開始變有錢的方法莫過於「開源節流」，當你現有的時間都拿去獻給了工作，要如何開源？又不是每一個人都有貨源，都能夠在蝦皮上開一家網路商店，那應該要怎麼做？

　　「山不轉路轉，路不轉人轉。」其實方法真的是人想出來的，像是從事航空業的人，如果可以買到比較便宜的機票，就會趁著出國旅行時，開一個 IG 幫忙代購精品，從一個包、兩個包開始經營，最後透過口碑介紹，也會不小心成為一個大事業。

　　近年來很流行的「團購」也是，誰說只有 KOL、團媽能夠開團，團購的概念本來就是「我們這邊量很大！我們要拿到更便宜的價格！」很多辦公室的夥伴，一開始只是著迷買團購起司蛋糕、下午茶餅乾，最後不小心認識了廠商，也成了辦公室的團主，這也能夠多一筆收入來源。

　　以前網路還沒這麼發達時，我想到唯一能夠幫自己

「開源」的方法，除了工作以外就是「賺取回饋金」，因為我研究各大銀行的刷卡回饋 % 數，發現大部分的銀行回饋都是「有上限」的，所以為了破解這樣的「回饋上限」，我辦了各家不同的信用卡。

我的腦袋幾乎就是一個 excel 試算表，隨時可以精密計算後跳出：這是哪一家車行的計程車，綁定哪一個支付方式最划算？這是哪一家藥妝店，今天週二刷中信卡最優惠？除了銀行給的信用卡回饋以外，我也熱愛參與「各大品牌集點活動」，下載了各大 APP，只要是能折抵的點數，在消費時都能夠不小心省了一筆。

只要朋友聚餐、慶生唱歌，大家基本上都是「懶得算錢」，所以我都會率先舉手說：「這筆我來刷！」尤其有時候唱歌、聚餐的消費金額都是幾千起跳，但是平均下來，我只有付到自己的錢，卻能拿到所有金額的消費回饋金，真的非常划算！

我都會主動幫大家算好「每個人多少錢」，甚至在最極端的時候，網路銀行轉帳還沒有這麼方便，我還會每天固定帶 100 元的「零錢」，方便每一次結帳時，讓我可以主動找給大家，也讓大家對於要付錢給我這件事「多一份信任」，因此也就能賺到更多的回饋金。

當你開始認真研究才發現，其實很多地方「水很深」，包含有些通路不在優惠範圍內、有些回饋金額有上限，所以當我決定要申辦某一家信用卡時，都要去他們官方網站把條文統統看清楚，尤其當年沒有這麼多部落客、YouTuber 整理，幾乎都要靠自己推理和整理，最後再去 PTT 求證，才能確保「我有賺到回饋金！」

回饋金賺起來真的不是大錢，頂多一個月每張卡回饋幾百塊而已，但是我抱持著「積少成多」的概念，而且後來我才發現，我賺到的不是錢，是最寶貴的經驗，同時也累積了我個人在銀行端的信用。

 理財班主任金語錄 ・・・

> $ 很多很小的事情，看起來真的沒什麼，但如果做久了，好像就能變成一件大事！

皮夾 10 張卡！如何挑選最精確？

　　過去很常在網路上分享如何透過信用卡的點數賺取回饋，因此被許多網友稱為「卡神」、「理財班主任」。每次打開皮夾，洋洋灑灑真的超過 10 張信用卡，以前每天帶出門，換皮夾還指定要買長夾，幸好現在行動支付林立，各家信用卡綁定不同的行動支付，幾乎可以讓回饋最大化。

　　最常被問到的問題就是，「你心目中的神卡是哪一張？」說實話，真的沒有所謂真正的神卡，因為每個人的消費習慣、常用通路完全不一樣，有人需要汽車加油、有人需要悠遊卡轉乘、有人到哪都用 LINE Pay。所以如果要選一張神卡，我會先請你把「最常用的消費通路」統統找出來！

　　通常我會把習慣使用的信用卡分成幾大規則：實體消費（點數／現金回饋）、網路消費（點數／現金回饋）、海外消費，因為有些人熱愛現金點數回饋，但如果是很常

使用的通路，基本上點數回饋比較多，也很好使用完畢。

不過在信用卡使用上，要提醒大家留意幾個重點：

1. **優惠都有「期限」，每半年、一年要去確認新一年的回饋規畫。**
2. **優惠都有「上限」，請務必算好基本回饋、加碼回饋封頂。**
3. **優惠都有「限定」，例如排除醫療費用、排除水電費，以免白忙一場。**

實體消費信用卡

	回饋方式	備註
永豐SPORT卡	2%無上限，搭配「汗水不白流」APP加碼1%回饋豐點，指定通路加碼5%	
台新玫瑰Giving卡	平日1%現金回饋無上限、例假日3%現金回饋	綁定台新帳戶扣款，回饋可在當期折抵
永豐大戶卡	1%基本回饋、1%綁定任務、5%指定通路	台灣最高7%，海外8%
聯邦幸福M卡	交通、旅遊、訂房6%（每月8,333元回饋封頂）	保單12期分期零利率

（參考資訊截至 2022 年 10 月）

行動支付信用卡

	回饋方式	備註
台新街口聯名卡	19大指定通路、3%街口幣回饋	
永豐幣倍卡	行動支付最高3%現金回饋	綁定Apple Pay、Samsung Pay
富邦J卡	綁定LINE Pay，新戶3.5%，舊戶3%	回饋LINE POINTS無上限

（參考資訊截至 2022 年 10 月）

　　另外，各大網路商城都有推出自己的聯名信用卡，如果你是重度網路消費者，也推薦你在習慣消費的商城都要申辦專屬的信用卡，才可以把更多回饋拿好拿滿，例如 PChome × 花旗、蝦皮 × 國泰、momo× 富邦，都有該商城專屬的回饋點數，尤其購物節更是加倍送！拿好拿滿！

　　我也非常建議大家根據自己的「生活習慣」上網找優惠。現在我如果常搭捷運、轉乘 YouBike 時，就會選擇新光銀行「新光三越聯名卡」，沒想到它背後竟然隱藏了一個「悠遊卡自動加值」500 送 50 的優惠，誰也沒想到這跟新光三越有什麼關係，但我衝著這個優惠就直接辦卡了喔！

　　前面提到的「聯邦幸福M卡」，我會把它歸類在「保

費神卡」，像是我們常常買的壽險，只要符合資格都能夠上網登錄「12 期零利率」，等於銀行先幫你繳掉保險公司的保費，你再月繳給銀行，同時可享有「保費」年繳的優惠外，又能把支出攤平到 12 期，相對無痛許多。

　　現在除了行動支付外，各大百貨公司、連鎖超市幾乎都會推出自己的 APP 和支付平台，所以每一個平台綁定信用卡和臉部解鎖後，真的就不用每天都帶一大堆卡出門了，例如全聯綁定 PX Pay、微風綁定 Breeze Pay，同時綁定雲端發票載具，環保又快速許多。

　　所以大家也別忘了定期「突襲檢查」自己的信用卡，以免每天帶了一大堆沒用的卡出門，反而得不償失。

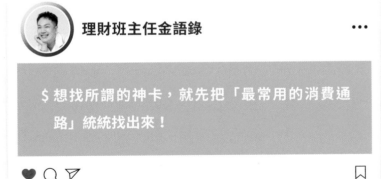

理財班主任金語錄　　　　　・・・

$ 想找所謂的神卡，就先把「最常用的消費通路」統統找出來！

「百貨公司週年慶」如何拿到最多優惠？

我相信一定有很多人跟我一樣「省小錢，花大錢！」有時候不是沒有錢，只是喜歡「比價」，手機滑一滑，雖然兩家商城價格差不多，但是這邊多送一個知名品牌的吹風機，我就會覺得不拿白不拿，直接賺起來！

以每年百貨公司週年慶大戰來說，如果你也是愛省錢又愛花錢，其實真的可以趁著年度優惠囤貨，也把自己生活所需一次集滿，我這就來分享我的週年慶小撇步。

1. 一定要熟記所有商品的原價

現在網路商城林立，而且每個月都會看到各種名目的節慶，像是 38 女神節、66 電商節、99 購物節，各種看似誇張的優惠，每一個品牌都宣稱自己打到骨折，但其實看似「很高的原價」，都把小 ml 數的保養品贈品原價加了上去，所以才會看起來價差這麼大。

我的算法是，所有小 ml 數贈品不要算進去，因為我

不要也罷。我只熟記保養品、小家電的「正常原價」，所謂正常原價不是標價，而是你隨便哪一天上 momo、PChome 去看都是「統一特價」的原價，不要被消費陷阱給騙了！

例如一罐保養品原價 2,000 元，但通路通常 1,700 元，週年慶時會說「兩罐正貨再送兩組旅行包」3,400 元，像是這樣的優惠，我一律視為原價！完全沒有便宜！因為我用不到旅行包！

2. 週年慶來臨前先去逛一次百貨公司

通常週年慶前一、兩週，所有櫃姐都會打聽好這次的優惠，像是品牌推出的大禮包，限量多少名額送完為止，加上百貨公司的滿額贈、刷卡禮，如果可以提前偷偷打聽到合作的銀行更好，提早去把信用卡辦下來，這次才能把優惠搜集滿。

通常我會在週年慶前一週先逛一次百貨公司，把商品的價格先記下來，有時候如果有比較熟識的櫃哥、櫃姐，他們還會讓你先留貨，下週再回來用週年慶價格結帳！（千萬不能被樓管知道，即便大部分的人都會這樣做！）

3.信用卡準備好再出發

　　有好幾次我真的只是剛好路過，逛著逛著就想要買東西，可是身上偏偏卻少了那張「優惠最多」的卡，這時我真的會選擇放棄不買。考慮到信用卡紅利、百貨公司滿額禮，一旦用錯卡，價差真的會到 1,000 元至 6,000 元不等！

　　有時候如果太晚去了，某幾家比較熱門的禮券換光了，或是門檻較低的禮券被換走了，口袋又生不出別張信用卡的時候，你最後只能摸摸鼻子，選擇最「基礎」的優惠。記住！週年慶的「基礎優惠」根本等於沒什麼優惠！

4.精算清楚再結帳

　　最常遇到的就是「滿萬送千」或「滿千送百」活動，有時櫃上會讓你「現抵」，你也要算清楚，真的有比較划算嗎？

　　例如有滿 5,000 元拿 500 元禮券的活動，而這家服飾店消費 5,500 元，店員願意讓你現抵 500 元，剛好 5,000元結帳，但偏偏你又去下一家飾品店買了 4,500 元，這時候你就會懊悔，剛剛不應該現抵，因為餘額可能沒辦法再去換新的一張禮券。

　　因為我口袋裡各家銀行信用卡都有，所以有時候我會

拜託店員拆單結帳，例如兩件衣服刷國泰卡、兩件褲子刷台新卡，這樣除了拿滿百貨公司禮券外，連信用卡配合的禮券我也要一次拿到最滿。

出社會這麼多年，收入當然比剛畢業時高，但我發現精打細算已經成了我的興趣，我並不是缺那一百元、一千元，而是我喜歡**「從規則裡找答案」**，明明同樣一份週年慶的 DM，我卻可以從中多生出 300 元禮券，這就是我的成就感！

一定也有朋友會覺得，有差嗎？有必要嗎？這就見仁見智了。對我來說，我不用費太大力氣，就能從購物中找到回饋，這是一件很好玩的事，也在不知不覺中省下好多錢，可以吃一頓大餐呢！

「行動支付賺錢法」 綁定回饋大全！

　　「請支援收銀！」過去沒有行動支付的日子裡，常常會在全聯聽到這樣的廣播，即便現在有了行動支付，多少還是會聽到生意好的分店不斷廣播「請支援收銀！」

　　記得行動支付剛開始盛行的時候，僅限年輕人最愛用，因為不用帶鈔票、零錢，只要走過去用手機「嗶一下」就刷卡完成，花錢變得很容易，但是只要找對方法，賺回饋也變得很容易！

　　這兩年疫情變得嚴重，大家也更流行「零接觸支付」，所以長輩們也開始加入了行動支付的行列。還記得一開始去夜市聽到買地瓜球可以用「街口支付」的時候覺得很興奮；搭計程車可以用 LINE Pay，不用讓零錢掉滿地；去麥當勞可以直接 Apple Pay，零接觸又能快速取餐，真好！

　　只要能透過「信用卡」消費，我就不會用現金！因為身為精打細算理財班主任的我，在每一個行動支付的搭配

中，也會找到最適合使用的信用卡，讓我一邊消費、一邊積點。當打開我的 LINE 錢包，看到點數上萬點的時候，內心的滿足很難用言語形容。以下簡單比較三大行動支付方式：

	街口支付	LINE Pay	Apple Pay
綁定方式	信用卡 銀行戶頭	信用卡 VISA 金融卡	信用卡
推薦信用卡	街口聯名卡	聯邦賴點卡、富邦 J 卡	永豐 SPORT 卡
特殊通路	夜市、小吃店	各大超商。消費都可用 LINE POINTS 直接折抵消費，相對優惠許多。	連鎖商店較常見海外也能通用最方便！

現在連長輩們也陸續使用「零接觸支付」，除了疫情因素以外，有時透過信用卡累積的優惠也滿多的，像是去量販店補貨時，動不動刷卡就是上千元，其實這些點數如果選對支付方式和信用卡，累積下來的數字真的很可觀。

除了三大行動支付通路外，大家如果不嫌麻煩，也可以下載每個商家對應的 APP，有時集點活動更是加倍送。

但因為所有點數幾乎都是有期限的，也提醒大家最好挑「較常使用的」下載，其他就用三大行動支付，這樣也比較容易把優惠用光光，划算許多。

 理財班主任金語錄　　　　　　　　　　　•••

> $ 從規則裡找答案，聰明使用行動支付，點數用好用滿加倍送！

　趕走窮人思維，靠自己成為富一代

「計程車省錢法」
班主任獨家解密！

　　以前趕著上班的時候，大都是搭捷運、騎機車，記得我為了要睡到最後一刻，還會背清楚我家這站的「捷運時刻表」，知道車會固定在幾點幾分來，到哪一站轉車後，還可以到樓下月台立刻轉乘，就可以用最短的時間抵達東區的電視台上班。

　　現在隨著工作型態的改變，常需要搭乘計程車，一方面趕時間方便、一方面點到點抵達也好搬運道具。過去大家第一時間就想到「現金付款」，我後來認真想想發現不對，如果工作搭乘和接駁，每個月有可能要花到近萬元車資，我一定要想辦法從中間賺到回饋金。

　　身為精打細算理財班主任，在生活中已經養成了習慣，有時候不論是下雨天、尖峰時段，我總有辦法叫到最便宜的計程車，明明大家要去的距離是一樣的，但我就能夠省下很多車資。我記得有一次上完廣播節目，跟丹妮婭姐有一段有趣的對話……

「婊姐，你等等怎麼回家？」

「計程車啊！你勒？」

「我一樣呀！計程車！那你搭哪一家？」

「有差嗎？我就那幾家選一家！」

「你等我一下哦！如果你搭 LINE TAXI 的話我傳折價券，如果你搭 yoxi 的話我有優惠碼，如果你太遠的話我推薦你 7 折車！」

「靠！我叫你 Coupon 天王欸！」

「這名字不錯欸！我喜歡！」

從那天開始，婊姐就幫我取了一個新綽號「Coupon 天王」！我自己也超喜歡這個稱號，因為這簡單幾個字可以濃縮我精打細算的人生，在手機裡存滿各式各樣的折價券和集點卡，就是希望可以想辦法買到原本想要的東西、享受到想要的服務，但卻可以比別人便宜。

在不趕時間的情況下，你當然可以有其他選擇，但這裡討論的是如果必須搭「計程車」，該怎麼選最划算？像我自己在搭計程車的選擇上，就會分為近程、中程、遠程，各有不同合適的車種和折價券。雖然不同車隊和車種感受上也有不同，但我們純討論價錢的話，可以讓你當作

依據才參考，我把我最常搭的「優惠車種」列在下頁。

本篇特別沒有提到 Uber，是因為大多以「距離計費」，這是優點也是缺點。如果你要往返的地點是平地，那幾乎沒有太多差價；而如果你要往返的地點可以走建國、新生、高速公路等高架橋，可以用距離計價的費用，卻走「比較遠又比較快」的路，還能省下計程車的「高速公路收費」機制，賺取差異。

另外要特別提到 LINE TAXI，當中「日日搭」的折價券，799 元可以購買 30 張 50 元折價券，使用的時候會覺得大快人心，因為每一趟跳錶後，刷卡還能夠折價 50 元，非常痛快！但千萬不要忘了，當初花了 799 元的購買價值，所以 1,500 元優惠券扣除已付 799 元，等於只有 701 元的優惠，每一趟大約是 23 元的優惠。

1,500 元優惠券（30 張×50 元）＝ 799 元 +701 元
每次優惠＝ 701 元 ÷30 次 =23 元

所以當你看到其他車隊有折價券時，建議先使用其他車隊折價券，畢竟日日搭也有使用期限，購買後一定要在期限內搭乘完畢，否則優惠券就會作廢。

	LINE TAXI	yoxi 車隊	大都會 173 叫車
優惠	天天有折價券、乘車金,通常落在 5 至 15 元。	每月月初可輸入「有喜」優惠,北部以外地區更多優惠。	可依照選擇的車種打 7 折、8 折及 9 折。
活動	里程集點活動,生日月還能加倍送,可再用里程換取折價券。	除優惠券外,平時較無特殊活動,主要以優惠券為主。	滿 100 元以上金額,沒有上限,皆可打 7 折、8 折及 9 折
優缺點	尖峰時刻車較少,但車多為新車。	新車很多,乾淨明亮。	車種較難控制,尖峰時刻 7 折車比較難叫到。
信用卡	使用 LINE Pay 綁定富邦 J 卡享有 3%LINE POINTS 回饋無上限。	綁定中信和泰卡可累積點數,但是使用通路較少。	使用 Apple Pay,或是使用永豐 SPORT 卡領取回饋。
備註	長期搭乘者可購買「日日搭」折價券。	偏遠地區車較少。	刷卡會額外加收刷卡手續費。

(參考資訊截至 2022 年 10 月)

掌握 4 大步驟！比別人買得便宜！

　　我打算寫這本書的時候，就已經想好絕對不是教你「如何省錢」，因為我清楚知道**「省錢不會讓我變富有，只會讓我過得很辛苦！」**每個人一定都知道要如何省錢，只是在省錢的過程中，又還能夠盡量享受自己期待的服務，那就必須要花點心思了。

　　喜歡買東西本來就是人的天性，但是許多人如果懶得比價就會吃虧！如果你已經有錢到完全不用比價，那當然也恭喜你財富自由！可是有時候透過幾個小方法，稍微繞一個小圈子，就能省下許多錢，何樂而不為？

　　我在頻道中曾經拍過一集影片「用 1 萬元買到新 iPhone」，當然因為演算法的帶動，讓很多新的觀眾來看到這集精打細算的影片，很多人誇獎我腦筋動很快，但也有人酸言酸語表示「要省錢就不要換手機！」

當時我用的方法步驟如下：

STEP1：透過「LINE 購物」作為入口網站，轉跳至網路商城時，我已經先領取 LINE 購物專屬的點數回饋。

STEP2：另外綁定當時國泰世華 KOKO 卡，選擇分24 期。（當時信用卡回饋是只要每月消費滿 5,000 元，網路消費就能享有5%回饋金，並且分期也能夠計算回饋。）

STEP3：把手上舊款 iPhone 放在網路上二手轉賣。

STEP4：最後把新款手機的周邊（耳機、充電器、充電線）全部轉賣，因此真的只花 1 萬出頭就買到了新手機，讓我開心不已！

看似辛苦繞了一圈才買到手機，卻讓我津津樂道許久。有時候趕時間消費，真的沒有這麼多力氣去比價和大費周章，但幾個基本的工具還是不能少，所以特別在這一章，想要跟大家介紹我最常用的比價工具：

1.ShopBack 網站 /APP

這是已經紅很久的消費網站，透過他們專屬的連結可以轉跳到許多地方，像是大型商城、訂房網站、外送平台，用他們專屬的連結轉跳後付款，可以得到信用卡本身的回饋外，還能拿到該網站提供的現金回饋，只要滿一定

的金額就能夠提領出來，同時介紹好友註冊也能拿介紹金。

　　不過同時要注意一點，有時候會因為轉跳連結的關係「出現價差」，最常出現在「訂房網站」陷阱中，因為許多訂房網價差極大，所以不建議使用訂房網（可能有很多未稅、含稅陷阱），但其他通路幾乎可以安心使用回饋，兩邊賺飽！

2.LINE 購物

　　這幾年「LINE 購物」非常紅，也是我長期合作的購物平台之一。在你選定商品後，可以去該平台搜尋看看有沒有此項商品，如果有的話就從這裡結帳，可以先拿到 LINE POINTS 外，又能把信用卡回饋一樣拿好拿滿。

　　像是這幾年許多很紅的「團購活動」，許多 KOL 都有開團帶貨的案例，簡單解說如下：

1. 注意他們網站是「一頁式」還是「掛在官網」，從頁面和設計應該就可以看出。
2. 如果該團購是掛在官網，而官網又放在 LINE 購物裡有上架，那你可以把該品項「加入購物車」，再

轉跳去 LINE 購物結帳！

3. 如果直接從 LINE 購物進去，會找不到官網下掛的隱藏頁面。

4. 這樣結帳可以讓你享有團主的優惠開團價格，又能夠拿到 LINE 購物給你的點數，同時綁定優惠較多的信用卡，等於你買一樣商品，賺了三次！這真的就是所謂的「買到賺到」！

3. 飛比價格

這是一個非常厲害的比價網站、APP，在 Chrome 安裝此擴充功能後，當你在逛各大電商網站時，它都會跳出「自動比價」的視窗，告訴你同樣商品在 momo 還是蝦皮便宜，算是一個自動比價的大補帖。

如果你習慣在某一商城購物也沒關係，它在擴充功能中也會同時提醒你，此商品比五天前「貴了多少」、「便宜多少」，非常適合給懶人比價族，簡單省下一些價差，又能便宜買入好東西。

以前常常分享一句話**「發財不怕繞遠路！」**其實這些小動作，做久了也會變得很容易，在不知不覺中省了許多

價差，甚至因此幫朋友代購、團購辦公室午餐，你都可以賺錢！

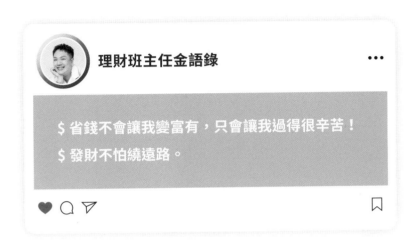

理財班主任金語錄

$ 省錢不會讓我變富有，只會讓我過得很辛苦！
$ 發財不怕繞遠路。

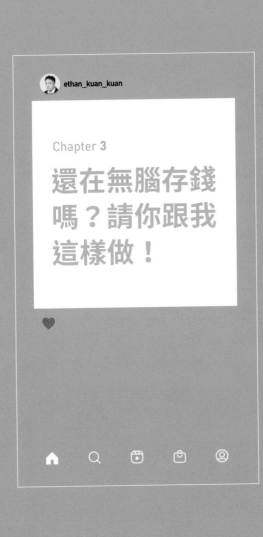

記帳控制狂！
你記得昨天午餐花了多少錢嗎？

因為需要錢，所以開始練習如何去用錢！前面的章節提過，從高中開始，我為了要好好分配自己的零用錢，讓每一分錢都可以達到最大的效益，於是我逼自己「練習記帳」，即使唯一的「收入」是零用錢，但好好記帳還是能幫助我釐清自己的「支出」和「收入」。

學生時期常常為了記帳這件事苦惱很久，雖然在記帳上我總是「斤斤計較」，為了糾結帳面上的數字精準，偶爾會陷入一個小漩渦，例如中午幫同學買了雞腿便當，我自己也買了一個，一個便當 85 元，兩個總計 170 元，不過如果我同學口袋只有 80 元，我不會「硬要」跟他收 85 元，但我會在自己的記帳本寫上「便當 90 元」，一點點小差額都不會放過。

像是有時候去影印店列印，只花了 4 元的講義費用，我一樣會記下來，以免少了一點點小的支出。我是「記帳控制狂」的極限，每天每筆帳務都要記下來，回家睡前膽

在筆記本上，然後每週都要結算一次「當週花費」，每個月還要結一次「當月花費」，最後用零用錢、打工薪水加總扣掉，非得逼自己存下一點錢不可。

身為「記帳控制狂」，偶爾也會吃一些悶虧。像是以前最流行去夜唱，大家總是會計算「包廂費」還是「人頭費」比較划算。我常常在訂位時就會跟 KTV 櫃檯釐清 10 分鐘，要確認如果我們今天幾個人出席、低消多少比較划算，但我會因為某一位同學「臨時缺席」而生悶氣，因為如意算盤被打亂又無法改回包廂費，內心就會很嘔！

現在回頭看這些記帳控制狂的行為，確實幫助我累積「金錢觀念」，但隨著工作後收入慢慢變多，我也告訴自己「不用算這麼細！不然很難看！」我慢慢放下一些過去的堅持，反正有時候聚會大家快樂就好，但如果大家願意一起團購、一起省錢，我也會樂在其中，揪團攤平成本。

我有許多朋友都「不記帳」，往往有多少錢就花多少錢。當我出社會以後，最驚訝的是身旁有這麼多「月光族」，他們常常到了月底就會哭喊「我最近真的只能吃泡麵了！」尤其我們電視台錄影會剩下很多便當、開錄前拜拜的供品，都成了這些月光族月底維生的食物。當時我真的覺得非常不可思議，因為在我的世界裡，我以為全世界

的人都會記帳！

後來我拐彎抹角提醒了一些朋友，即使沒有記帳的習慣，一定也要「基本記帳」，就是領到薪水後，留下可以動用的金額放在流動帳戶裡，剩下的才能去做其他的有效利用。因為我很清楚，如果每個月都是月光族，那就是每個月都必須用更多勞力去換取報酬，你會永遠沒辦法停下來。

更不用說有些人買了儲蓄險後，隔年工作有變動，不小心成了月光族，最後無奈把儲蓄險解約、減額繳清，意外又賠上了一筆錢，這樣不是得不償失嗎？

所以，我現在就問你，你記得昨天中午吃什麼？花了多少錢嗎？如果記得，代表你很有概念，也很清楚自己每一分錢該如何利用，這樣就是好好存錢的第一步了！

 理財班主任金語錄　　　　　　　　•••

> $ 領到薪水後，留下可動用的金額放在流動帳戶裡，剩下的才能去做其他有效利用。

識破外送平台話術！
冷靜想想你真的需要嗎？

　　這幾年因為疫情的關係，台灣兩大外送平台打得火熱，常常推出各式各樣不同的優惠、狂灑折扣碼和折價券。有時真的會覺得「也沒差那幾百塊，我也用得到」，就不小心買了一整個月的免運方案，更不用說在 2022 年，外送平台還推出「整年訂閱制」，讓許多長期使用外送平台的朋友第一時間就下手。

　　我記得 F 平台、U 平台兩家是在同一個月份推出「年訂閱制」，不只打出價格戰、優惠券戰，還有不同的代言人和廣告行銷，讓人真的很心動，甚至好幾度問自己，「我是不是也應該要買了？」

　　平均一趟外送費 40 元，但是買一個月的免運資格才 120 元左右，也就是說，我只要一個月叫 3 次（含）以上的外送，那就很划算，至少沒賺錢也扯平了！但我們常常會因為已經有了會員資格，就不小心一直叫外送，卻忘了當中的數字小陷阱。

「羊毛出在羊身上！」這句話大家早就聽說過了，像是外送平台至少要抽 40% 的費用，除非該店家跟外送平台簽下「獨家合作約」，才有可能降低抽成。也就是說，店面一碗 25 元的滷肉飯，在外送平台上有可能 40 元起跳，即便 40 元起跳，業者可能賺得還比店面賣出去得少。（當然，疫情期間還好有外送平台的存在，讓許多店家得以生存下去，也讓民眾能溫飽。）

　　我們很常在爆料公社看到有人抱怨，明明用了外送平台的「知名炸雞店自取 79 折」優惠，結果最後出門走到該店家門口時，發現透過外送平台點餐的 79 折，比現場直接點原價來得貴！

　　當然也有許多延伸討論，例如店家忙碌時，可能不會接你電話訂餐，所以你可能無法準時吃到；但是店家如果不接外送平台的單，會被扣錢和扣評價。但如果我們只討論「價格」，確實很不划算！（另外，或許炸雞店現場只能付現金，但透過平台付費可以刷卡，也可以賺取回饋金。）

　　記得在 2022 年 3 月，我最後還是被廣告誘惑，花了一筆費用購買某平台的「年費制度」，確實每個月都送了我好幾張折價券、生鮮優惠，而且一整年的費用相當於

「買十個月送兩個月」的極大優惠。萬萬沒想到在三個月後，無預警跳出「加收平台費」，雖然每一筆訂單看似才加5元，大家還是氣得跳腳，甚至還有人投訴消基會，最後平台出面補給「平台券折抵」，才讓部分買年費的消費者氣消了。

過去許多知名案例也告訴我們，在消費前必須謹慎評估，像是知名連鎖健身房開幕招生時都會打著「買幾堂課送幾堂課」，甚至可以買「不限地區的會員」，只要有一張會員卡，就能成為該健身房的通行證，結果後來2007年就爆出倒閉消息，讓買會員卡的民眾求助無門。過了十四年後的今天，2022年判決才終於出爐，單純想健身買會員的民眾一定也是心力交瘁。

看到這裡，你可能會覺得，我們不應該買會員嗎？不是的，我也是很熱愛買會員享受的，甚至有時候一年份、兩年份的會員就是比較便宜！只是在購物之前，我們真的要冷靜想想，例如我可能每天都要聽音樂，那就可以買一整年的音樂平台；如果你每天都會下班後去運動，當然可以買健身房會員資格。

只是我要提醒你，如果你以為自己先買健身房會員資格就會養成運動習慣，最後多半會變成一場空，我身邊最

多的案例就是「下班後去健身房洗澡再回家！」因為錢都繳了，那就去省水吧！

在開始學會「存錢」之前，我們必須謹慎審視自己的消費，**在買東西之前不斷自問：這是「需要」還是「想要」？**才能讓每一分錢都花在有用的地方。

當然，後面的章節也會提到，我認為每個月要提撥一定的「享樂費用」和「奢侈品費用」。我一直很相信錢就是要有進才有出、有出才有進，如果你一直守著同樣一筆存款在銀行，最後利息低得可憐，倒不如讓自己快樂吧！

 理財班主任金語錄 ···

> $ 你賺到利息的速度根本趕不上通貨膨脹，不如拿出來讓自己快樂吧！

錯誤的消費觀念！
最常遇到的陷阱！

　　2021 年疫情最嚴重時，台灣進入三級警戒，還記得在宣布的前幾天，所有人跑去超市排隊，我也跟著去湊了熱鬧。本來以為隊伍很短，我就輕鬆逛，當我選購好商品時，才發現排隊的隊伍早已繞了一圈，從收銀台到冷凍櫃，再從冷凍櫃繞回另外一邊的超市入口，於是我直接把所有東西放回架上，回頭走人！

　　台灣民眾真的很愛「囤貨」，常為了許多莫名原因就開始囤，像是三級警戒時不少人狂買衛生紙！其實我也真心疑惑，明明可以買一些泡麵、乾糧，怎麼會急著買衛生紙呢？到底誰告訴你衛生紙要漲價了？

　　或是每當新聞報導「石油漲價」，當天晚上所有加油站就會大排長龍，光加個油就要等上半小時，更不用說所有「小機車」也去湊熱鬧。人家一輛汽車加滿可能要1,000 元，你機車加滿根本不用 200 元，是能差到哪去？請不要忘記，你的時間也是成本，用時間換來的錢，不一

定就省錢！

　　常被網友稱為「精打細算班主任」的我，要來整理平常最容易出現的消費陷阱。你一定也要小心、不要入坑，千萬別被華麗的話術給蒙蔽雙眼，以下就是連我也很常被吸引到的廣告台詞：

1. 一件 20 元、六件 100 元、同商品第二件 5 折！

　　這樣的消費術語最常出現在藥妝店、超商，有些人趁著買一送一的優惠，不小心寄杯了 100 杯咖啡，結果因為疫情在家工作，之後又選擇離職，最後剩下 80 杯咖啡根本喝不完，那你覺得這樣是有省到？還是其實花了更多錢？

　　有時藥妝店會打出「第二件 5 折」的折扣，但偶爾都會把第一件商品的原價稍微提高，其實也不能說原價提高，應該說「改回真正的原價」，比起平常的「長期特價」再貴一點點。所以在入手前要把眼睛擦亮，不然兩罐用不完，過期的商品也只能丟垃圾桶了。

2. 每天只要一杯咖啡的錢，就能入手萬元家電！

　　在台灣這個非常潮濕的島嶼，幾乎每家都有一台以上

的除濕機，除濕機畢竟還算是實用的商品，但電暖器就只有「冬天」會用到，廠商依舊會把上萬元的價格除以 365 天，最後告訴你可能「每天不用 20 元」、「每天省下一杯咖啡」就能入手，所以有時候買冷暖風扇反而划算。

可是不要忘記，如果你入手了這台家電，你還是每天會喝一杯咖啡，那你就沒有省到錢，你只是把咖啡錢花了兩遍，最後才發現自己根本存不到錢，因為掉入了商人的消費陷阱中。

3. 滿 2000 元現折 200 元的折價券！

你一定也有跟我一樣的經驗，明明只是去超市買個雞蛋、牛奶，最後店員給你一大疊折價券，上面寫著「冷凍食品 888 折 88」、「生鮮 500 折 50」。明明沒有想要買的東西，卻又讓你不小心回去走了一圈。「規定消費金額才能使用的折價券」更是消費陷阱，如果你才買 1,600 元，卻為了要湊到 2,000 元抵掉 200 元，真的要三思而後行。

像是我爸最常發生的案例，平常去菜市場買東西省來省去，有時候還願意捨近求遠，特別騎車去比較大的菜市場買菜，因為青菜水果多買幾把下來，價差可能有到 50

元，確實不知不覺也省下不少錢。可是我爸就很容易被「美式量販店」的 DM 吸引，每兩個禮拜會想要去買上千元的囤貨商品，例如家庭號的牛奶或洗衣精。說實話，去年他給我大罐洗衣精根本用不完，我中間還打翻了一次，到現在都還有半罐，為什麼還要再買？

如果不是價格起伏很大的商品，我必須說，真的用完再買就好！

4. 結帳櫃檯、結帳頁面加購商品，用不到就不要買！

買東西其實真的很快樂，而且我總會告訴自己「**所有的快樂，在你結帳那一刻就滿足了！**」有時候網購，兩週後東西才寄來，自己根本忘記買過這個東西，但是當下就是「買一個快樂！」這種感受我懂。

不過還是要提醒各位，尤其在超市櫃檯、網站結帳頁面，總是會跳出一些「讓你很想買的加購商品」，例如兩包濕紙巾、一條巧克力，甚至現在網站都會分析你的瀏覽習慣，再把你想要的商品丟入加購優惠區，讓你猶豫個老半天。

除了「用不到的東西不要買」以外，如果是「用不到的試用包」你也不要覺得很優惠，常見的保養品大禮包

20 包才多少錢，但送來的都是「旅行組」、「試用包」，請不要把這些小樣算是大禮包，我們只看「正貨」，其他都當送的！不能去攤平你的優惠價格！

5.眼花撩亂的「複雜」優惠制度

我們在各大電商平台「大型優惠季」時，常常會看到「3 件折 100 元、4 件折 200 元、滿 2,000 元再打 9 折」的冗長標語，原價 5,000 元的商品，當你選購三件放進購物車時，可能突然幫你扣了 1,800 元，你就會想都沒想直接結帳了！

如果你問我要如何突破盲點？對我來說算法就是「算到最細」，例如衛生紙頁面寫著：100 抽×24 包×3 串「特價 888 元」，那我就算出「7,200 張」衛生紙 888 元，平均一張大約是 0.1 元，額外的信用卡回饋、網站點數都不計入，這才是比價的最乾脆基準。

像是許多保養品可能一罐 200ml，買三罐送一罐小樣 50ml，總共 2,000 元，那我就會把小樣贈品算入，總共 650ml，等於 1ml 是 0.325 元，在我們不計入任何包裝大小、運費成本時，才能算出到底在哪裡買是最便宜的！

消費陷阱雖然多，但其實買東西就是一件非常大快人心的事，都市人最愛的兩件事就是「買東西」、「吃東西」，更不用說信義區每個週末總是滿滿人潮，大家的消費力真的很驚人，即使平常省吃儉用，也是要趁休假期間好好慰勞自己。

許多年輕人現在總喜歡在信義區路邊「喝一杯」，喝完了以後再去趕午夜 12 點的捷運末班車回家，也算是某種省「計程車錢」的方式，像這樣的娛樂消費就不算是消費陷阱。無論你平常多精打細算，但也請你記住：**「好好愛自己，快樂無價！」**

 理財班主任金語錄　　　　　　　　　　**...**

$ 你的時間也是成本，用時間換來的錢，不一定就是省錢！
$ 所有的快樂，在你結帳那一刻就滿足了！
$ 好好愛自己，快樂無價！

懶人存錢法
「班主任盤點 4 大技巧」

　　隨著科技的日新月異，現在花錢的方式真的太多了，以前只要不把「紙鈔」帶出門，就能夠克制自己的所有欲望。記得高中時期，我自己發明了「100 元減肥法」，每天就只能帶 100 元出門，吃完就沒了。所以早餐買一份蘿蔔糕，會把第二片留在中午吃，剩下 60 元就成了晚餐餐費，相當拮据。

　　但後來發現許多偷吃步的方法，像是超商可以用悠遊卡結帳，有時候不小心太餓了，拿起悠遊卡「嗶一下」就成功結帳。過了十年後的現在，更不用說身上沒錢會怎樣。其實身上沒提款卡，可能要過一個禮拜都行，因為手機能綁定不同的支付，甚至連提款機都可以「指紋辨識」，所以說來方便，要花錢花起來也很容易的。

　　以前走過店家身上錢不夠，回家就失去了購物衝動，過幾天也懶得再去買了；以前躺在床上懶得去拿信用卡，隔天起床冷靜想想，也沒什麼一定要買的。可是現在，手

機隨便用臉書帳號、LINE 帳號都能綁定會員，臉部辨識以後就刷卡完成，也真的滿可怕的！

如果你完全沒有消費自制力，但同時又希望能夠存下錢，首先會建議停掉所有信用卡、行動支付。你可能會問我，那回饋怎麼辦？不好意思，你沒有資格擁有回饋！你不如把薪水好好規畫，讓自己想辦法擺脫月光族！

1. 信封存錢法

我也曾在網路影片中分享自己用過的「信封存錢法」，假設一個月月薪 3 萬，入帳後我會領成現金出來，依不同用途分類，例如生活費、租金、旅遊基金、保險費、儲蓄，然後該月份只能動用「生活費」這包零花錢，其他則是按照用途存下。

當然，我也會訂下目標犒賞自己，例如旅遊基金只要存到超過 5 萬，我就會找朋友來一場四天三夜的海外旅行，也慶祝自己又存到了一筆錢，我不會覺得把錢花掉很浪費，反而會覺得「自己真的做到了！」

2. 365 存錢法

365 存錢法也是網路上流傳很久的方法，首先要先自

製一張手板或字條，當然也可以找網路上已經做好的公版（參考 096 頁）。一年有 365 天，每一天可以從身上的零錢，第一天存 1 元，第二天存 2 元。但如果你擔心到該年年底壓力太大，我個人是建議可以「跳著選」，就是按照每天的心情，選一格存入金額就對了。

令人驚訝的是，一年如果這樣存下來，可以存下 66,795 元，所以我會建議大家一年可以存兩張 365 存錢法，默默地就多了 13 萬的結餘，真的是一筆很可觀的數字。

3. 52 週存錢法

如果你覺得 365 存錢法太過麻煩，其實 52 週存錢法比較像是另外一種「方便變形」的方式，把每天要存的錢改成一週一次，一年剛好就是 52 週，這樣累積下來，也是不少金額哦！（參考 097 頁）

從第一週開始 10 元、第二週 20 元⋯⋯第 52 週存下 520 元。同理，如果怕年底壓力過大，也可以先把表格製圖完成後，每一週「任選」一格完成，並在表格後方寫上完成日期，提醒自己做到了。

1	2	3	4	5	6	7	8	9	10
11	12	13	14	15	16	17	18	19	20
21	22	23	24	25	26	27	28	29	30
31	32	33	34	35	36	37	38	39	40
41	42	43	44	45	46	47	48	49	50
51	52	53	54	55	56	57	58	59	60
61	62	63	64	65	66	67	68	69	70
71	72	73	74	75	76	77	78	79	80
81	82	83	84	85	86	87	88	89	90
91	92	93	94	95	96	97	98	99	100
101	102	103	104	105	106	107	108	109	110
111	112	113	114	115	116	117	118	119	120
121	122	123	124	125	126	127	128	129	130
131	132	133	134	135	136	137	138	139	140
141	142	143	144	145	146	147	148	149	150
151	152	153	154	155	156	157	158	159	160
161	162	163	164	165	166	167	168	169	170
171	172	173	174	175	176	177	178	179	180
181	182	183	184	185	186	187	188	189	190
191	192	193	194	195	196	197	198	199	200
201	202	203	204	205	206	207	208	209	210
211	212	213	214	215	216	217	218	219	220
221	222	223	224	225	226	227	228	229	230
231	232	233	234	235	236	237	238	239	240
241	242	243	244	245	246	247	248	249	250
251	252	253	254	255	256	257	258	259	260
261	262	263	264	265	266	267	268	269	270
271	272	273	274	275	276	277	278	279	280
281	282	283	284	285	286	287	288	289	290
291	292	293	294	295	296	297	298	299	300
301	302	303	304	305	306	307	308	309	310
311	312	313	314	315	316	317	318	319	320
321	322	323	324	325	326	327	328	329	330
331	332	333	334	335	336	337	338	339	340
341	342	343	344	345	346	347	348	349	350
351	352	353	354	355	356	357	358	359	360
361	362	363	364	365					

365 天存錢表

趕走窮人思維，靠自己成為富一代

10	20	30	40	50
60	70	80	90	100
110	120	130	140	150
160	170	180	190	200
210	220	230	240	250
260	270	280	290	300
310	320	330	340	350
360	370	380	390	400
410	420	430	440	450
460	470	480	490	500
510	520			

52 週存錢表

　　看到這裡，如果你認為這樣的存錢方式「太傳統」，當然也可以讓自己現代化升級，現在有許多 APP 都有提供記帳、存錢協助。假設你身上每天沒有這麼多零錢可以存入，也可以改成用「網路轉帳」，選用像是 KOKO、Richart 網路銀行等提供多次免手續費的轉帳功能，讓你輕鬆解決記帳存錢的煩惱。

勤能補窮！「3 個步驟」躺著就讓你薪水變多

　　我想起小時候去富基漁港吃海鮮的一段小故事，當地不是都會有很多代客料理的餐廳嗎？門口有各式各樣的海鮮，當你選了「一魚三吃」後，店家會問你要分哪幾種料理方式，接著才會開始跟你「報價」，跟你說這樣一魚三吃加上料理費用總共多少錢。

　　「老闆，這太貴了吧！」
　　「我們都是固定這樣收費的哦！」
　　「一魚三吃，還不是只是一條魚？」
　　「但因為有三種料理方式呀！」
　　「可是我在台北買也才多少錢！」
　　「那你回台北吃吧！」老闆接著把魚倒回門口的橘色水桶裡。

這件事情真的讓我至今印象深刻，家人本來想跟店家殺價，結果卻換來一場尷尬。也因為這次經驗，讓我年紀很小就開始有了概念，所有事情都有「成本」，**勞力是成本、時間是成本、場地是成本**，不可能單單去看一條魚的費用，因為還要加入瓦斯費、材料費，才能讓店家透過代客料理賺到錢。

　　我開始思考，要如何把自己每個月的薪水最大化，而又可以不知不覺中省下一些煩人的手續費，把每個帳戶的錢都花到效益的最大值。我過去在擔任上班族的日子裡，每個月薪水入帳後，我就會開始一系列的繁雜手續。

1. 薪水入帳薪轉戶

因為擁有薪轉戶的優惠，通常每個月享有 5 次轉帳免手續費（看不同公司和銀行的配合而定），但有時候太快就用完了，所以通常我會一次把薪水轉到KOKO銀行裡，再開始分配薪水。

2. 開始轉帳：選擇免手續費的帳戶

KOKO 提供了「每月 50 次跨行轉帳免手續費」、LINE Bank 提供了「每月 88 次跨行轉帳免手續費」，這對許多愛買網拍、愛轉帳的朋友來說真的是一大福音，因為怎麼轉出去都不用花到錢，畢竟每次 15 元、15 元這樣累積下來也是一筆很可觀的數目。

3. 按照比例分配：442 存錢法

我自己的月薪規畫是遵守 442 法則：40% 生活費、40% 儲蓄＋旅行基金、20% 理財＋保險，當然還會按照當時規畫不同的需求，再去分配哪一些歸入旅行基金，哪一些當作長期儲蓄。

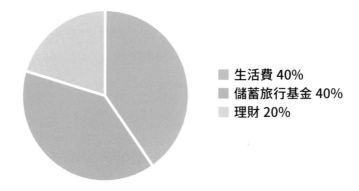

生活費 40%
儲蓄旅行基金 40%
理財 20%

（1）40% 生活費分配：最常使用的帳戶、好提領的帳戶

「生活費」白話說就是「每天生活都會用到的」，所以我會把錢轉去最方便使用的帳戶，像是捷運站就有國泰世華、超商就有中國信託、巷口就有台北富邦，所以可以把這 40% 放在比較好領出來的地方，省下「跨行提領」的手續費。

另外，這幾年大家使用信用卡的頻率越來越高，很多信用卡都要「綁定自家帳戶」才能有更多刷卡回饋，所以我也建議你，把生活費分散存在「最常用的幾張信用卡」連結的帳戶，才不會忘記準時繳卡費，也能把回饋賺滿！

（2）40% 儲蓄分配：活存利息較高、存著就有利息拿

這幾年數位銀行、純網銀相當盛行，有些限制新台幣 50 萬以下的存款，都能享有年利率 1.1% 的高活儲，所以我會把「儲蓄」存在相對高利息的帳戶裡，像是知名的永豐大戶、台新 Richart、聯邦 New New Bank、上海商業銀行 Cloud Bank 都有很多優惠。

這些銀行推出網銀時，為了吸引新的客戶，就希望大家都來開戶，給你很高的利息優惠，而且比傳統銀行的定存利息還高，把錢存在這裡，可以說是穩賺不賠！（當然也不會賺太多啦！）

（3）20% 理財分配：想辦法用錢去賺錢！

理財方式百百種，像是基金、股票、儲蓄險，每個月建議大家提撥 20% 當作理財基金。即便只有月薪 3 萬元，也必須拿出 6,000 元練習投資，買定期定額的基金、ETF 都很可以，反正小錢丟進去也不會大賠錢，相對安全許多。

我認為在理財的這條路上，你必須越早開始越好，**「因為你不需要很厲害才能開始，你要開始了才會很厲害！」**練習用錢賺錢、練習心痛賠錢的感受，未來才有機會去操作更多槓桿更大的理財工具。

搞定利息，才能戰勝通貨膨脹

每個時代總有不同時代的理財方式，像過去爸媽的年代，銀行定存利息隨便就是 5% 以上，很多儲蓄保單根本沒有人要買，誰知道有一天利率會低成這樣？存在銀行的錢根本不會變多，但往好處想，你跟銀行借錢利息也不會太高。

我們一直提到「利息」這件事，這深深影響著我們每個決策，在開始「投資」前一定要清楚了解，以免花了許多時間去研究如何賺錢、投資，最後賺來的錢根本比貸款利息還少，真是賠了夫人又折兵。

許多人提到「複利」一定會舉出 72 法則，用來評估投資翻倍或減半所需的時間，反應複利的答案。假設我們使用 10,000 元投資，在年利率 1% 的高活儲數位銀行，必須等到七十二年後，你的錢才會翻倍。如果我們把 10,000 元本金放在年化配息 5% 的股票裡，大約十四年又四個月年就會翻倍。

72 法則公式計算

　　72 法則公式（計算本金翻倍的時間）：72 ÷ 年化報酬 = 本金翻倍的時間

　　72 法則公式（計算報酬率）：72 ÷ 本金翻倍投資時間 = 年化報酬率

　　談到利息，當然一定也會講到通貨膨脹，以前巷口的蔥油餅加蛋只要 25 元，但是現在夜市的蔥油餅加蛋已經賣到 50 元，這就是通貨膨脹。薪水可能沒有漲，但你的花費不斷地在提高。如果通貨膨脹以每年 3% 的速度增長，那麼物價約在 72 ÷ 3 = 24 年內翻 1 倍，這就是 72 法則的應用。

　　所以如果想要在新手時，就加快賺錢的速度，最直接的方法就是「開源節流」，想辦法把你的本金拉大，投入投資市場時才有機會透過「複利」賺錢，也就是白話文的「錢滾錢」，用錢去幫你賺錢，更快達到提早退休的夢想。

　　而我們最常聽到的是**「通貨膨脹，可是我的薪水又沒有漲！」**但是因為科技在進步、生活變方便了，這些工具帶來的便利性，也必須算入所謂的「生活成本」。說到這

裡可能有點模糊，讓我舉例給你聽。

　　以前如果想買把蔥，可能要早上 8 點去菜市場，但現在可能手機點一點，外送就能把生鮮送到你家；以前的富翁想看世足賽，就花機票錢飛到現場享受，但是現在可以透過電視轉播看球賽；以前想看巡迴演唱會，要跟著偶像飛遍全球，但是在未來，你有可能透過 VR 和元宇宙，在家環遊世界看演唱會。

　　也就是說，雖然薪水沒有漲，但是你可以過得比「古時候的富翁」來得更快樂，他們可能必須花很多錢請清潔人員打掃，但是你只需要買一台掃地機器人就能夠用好幾年，所以多出來的時間就能夠拿去做更有意義的事情。

 理財班主任金語錄　　　　　・・・

> $ 你不需要很厲害才能開始理財，你要開始了才會很厲害！

「把錢存好不如存對地方！」數位銀行比一比

　　每個星期五到銀行，是不是都免不了大排長龍？如果有時候運氣不好，排在你前面的剛好是阿公、阿嬤，那一等起來可能就要更久了。不曉得你有沒有經歷過這樣的年代？只要太久沒去銀行補摺，你就會突然有一天不能透過 ATM 領錢、轉帳，一開始會驚慌失措，後來問了行員才知道只是「沒補摺」！幸好現在大部分銀行都已經取消這樣的政策，全面 e 化！

　　常常在銀行看到長輩們一邊苦惱一邊查資料，寫完匯款單還告訴行員「這筆轉哪」、「備註要寫什麼」。雖然有時候我排在他們後面，心中 OS 都是「這些手機都能完成！」也曾經好幾度跟家中長輩溝通，請他們都轉為使用網路銀行，但礙於一些實際困難，同時也害怕他們誤觸按鈕轉錯錢、遇到詐騙集團，想想還是「維持現狀」可能最方便。

　　「網路銀行」就是指實體銀行的線上版本；「數位銀

行」則是沒有實體存摺，但依舊有金融卡可以轉帳，像是王道銀行、台新 Richart、國泰 KOKO、永豐大戶，但因為它們擁有相同執照，也能設立實體分行或辦事處。「純網銀」自 2019 年在台灣只有三間，分別是 NEXT 將來商業銀行、LINE 連線商業銀行、Rakuten 樂天國際商業銀行。

很幸運的是，當年「將來銀行」在台灣正式開幕前，我還有以「理財 KOL」身分合作拍攝影片、參加線上活動，所以我提早一步認識了所謂的「純網銀」，當時真的有一種新鮮感受，原來自己走得這麼前面！

	純網銀	數位銀行	網路銀行
實體分行	無	有（數量較少）	有
存摺	無	無	有
金融卡	有	有	有
優點	高利活存	高利活存	不用臨櫃排隊
特點	轉帳優惠高	轉帳優惠高（部分仍要去實體認證開卡）	不用臨櫃排隊
缺點	依賴網路和手機，若忘記密碼就要重新認證。	轉帳限制多，通常有設定每日／每月上限轉帳額度。	許多功能還是需要存摺、印章才能辦理。

通常為了吸引新戶，許多數位銀行都會推出「新戶獨家優惠」，每一次在申辦數位銀行、純網銀時，都覺得自己很像是電信業者攜碼搶 iPhone 的人，新戶的優惠永遠都比舊戶還多，所以我總是左思右想，確認這次的優惠「合我胃口」才會決定入場申辦！

這幾年數位銀行、純網銀大戰打得熱烈，從活儲利息到轉帳額度都相當競爭，甚至每半年就會調整一次利息，有些規定非常繁雜，又希望你可以換美金、每月存入多少「新資金」解任務，才能符合高活儲的規定。

由於銀行資訊瞬息萬變，如果想要知道第一手最新的理財資訊統整，也可以直接搜尋關韶文的 YouTube 頻道獲得最新消息，這邊先把我認為申辦前要注意的事項整理如下頁表格，讓你評估是否划算！

活儲銀行整理

	數位網銀	存款專案	活儲利率	優惠額度	優惠限制或加碼條件
1	上海商銀	Cloud Bank	1.4%	30萬 （可至50萬）	*無特殊限制 *額度可再加碼至50萬， 　條件： A.登入網路銀行或行動APP B.數位帳戶代扣繳本行信用卡 　款或美元活存餘額1千以上
2	永豐銀行	大戶 DAWHO	1.3%	30萬	*新申辦戶首月無特殊限制 *舊戶月平均資產達10萬，下 　個月即可享高利活儲優惠
3	聯邦銀行	New New Bank	3%	10萬	*2%無特殊限制 *1%有條件
4	台灣銀行	數位帳戶	1.7% （機動利率+0.36%）	10萬	*無特殊限制 *牌告定儲一年期機動利率 　1.34%+0.36%
5	第一銀行	iLEO	2%	12萬	*無特殊限制
6	合作金庫	數位帳戶	1.2%	12萬	*無特殊限制
7	土地銀行	數位存款專案	1.2%	10萬	*無特殊限制
8	將來銀行	主帳戶	3.2% （3段式活儲利率）	6萬	主帳戶： A.6萬內（含）：3.2% B.超過6萬至30萬（含）：1.4% C.30萬以上至無上限：0.9% 備註：專案設有總額度200億 元限制
9	遠東商銀	Bankee	2.6% （1.06%+1.54%） （需完成加碼任務）	5萬 （可至500萬）	*1.06%無特殊限制 A.推薦碼開戶，新戶及推薦人 　同享6個月加碼1.54% B.揪團社群達一定存款金額， 　可獲5萬額度上限加碼（最 　高500萬）
10	富邦銀行	my Money	2.0%	5萬	*需完成投資風險偏好問卷， 　或綁定行動支付並完成一筆 　消費

（參考資訊截至 2022 年 10 月）

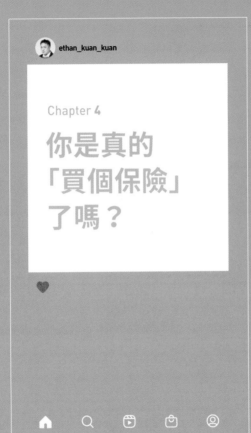

ethan_kuan_kuan

Chapter 4

你是真的
「買個保險」
了嗎？

想要提早退休，必須有全盤規畫

你想過幾歲要退休嗎？我記得新聞報導統計過，台灣平均退休年齡是 63 歲，但平均壽命為 80.9 歲，男性平均 77.7 歲、女性平均 84.2 歲。也就是說，如果希望自己可以在 60 歲前開始過退休生活，必須至少要準備「二十年」的退休金。

我們先不說你可能已經認知的股息、股利，先試算，如果你希望擁有二十年的退休生活，必須做好多少準備？假設我們每個月自認舒服狀態的「最低消費」平均 2 萬元，你必須至少有 480 萬元的固定存款！

退休試算：20,000 元 ×12 月 ×20 年 =4,800,000 元

講到這裡真的很驚訝，平常要從我們 30 歲年輕人的戶頭裡硬生出 480 萬元都很難了，怎麼可能還要另外存下 480 萬元的退休金，而且還沒算台幣貶值、通貨膨脹等外

在因素？當我們有了「退休」概念後，就是開始反過來推算，這樣每一個月、每一年應該要存下多少錢。

假設現在 30 歲，預計退休年齡是 60 歲，用 480 萬去計算，那我們一年必須要攢下多少錢，才能夠無痛退休呢？

預存試算：4,800,000 元 ÷30 年 ÷12 月 =13,333.3333 元

是的，從現在開始一個月只要多存 1 萬 3，看起來並不是件難事，但不要忘了，如果 30 歲壯年族群平均月薪 5 萬，扣掉基本開銷生活費，還要扣掉儲蓄、旅遊基金等，這個 1 萬 3 是完全不能動用的情況下，才有可能存到 480 萬元退休金。

光是「死存錢」太辛苦了，那我們應該要怎麼做？想辦法讓錢變多！每個人都有自己的理財配置，網路上有許多理財問卷，可以幫助你找出自己是積極型、保守型還是中庸型，因為所謂的理財配置沒有標準答案，單純看每個人的收入多寡和保守程度。

有些人可以把錢全都放在股票，隨時低點進場大起大落，賠掉千萬也在所不惜。在理財這條路上，我深深相信

一件事情，「**有本事賠掉千萬的人，就有本事想辦法把千萬賺回來！**」因為他們擁有富人的投資腦袋！

我平時搭計程車習慣保持安靜，但有次遇到了很特別的司機，他一邊開過信義區，一邊跟我聊著這裡的建案，分享過去幾年他其實是房屋代銷和設計師，但因為幾個案子沒順利完成，賠了幾千萬，所以現在來開車賺錢。

「那你賠錢的時候沒嚇死嗎？」我驚訝地問。

「還好啦！已經不是第一次了！」

「什麼意思？」

「這樣的事情，我已經發生過三次了！都是因為周轉不靈！」

「所以你現在到處欠錢？」

「對呀！還有幾個案子在等，就先來開車！」

「不會放不下身段嗎？」

「又沒事做，不來賺錢到底要幹嘛？」

當下我覺得超酷的，被這位司機的態度給震懾到了，我告訴自己，「**不論未來遇到多少困難，我都不能害怕！繼續前進！**」

回到本章重點，所以你必須先清楚自己是屬於哪一型理財人格，而不論你是屬於那一種人格，你一定要有「保險」，因為大人們常說「買個保險」，其實真的買保險這件事，就是讓你買個保險。

當你的現金沒辦法動用，可能卡在某一間房子的頭期款、卡在某一張不願意認賠的股票裡，在你身體出狀況、家人住院時，保險幾乎都是救你一命的重要關鍵。

 理財班主任金語錄 ...

> $ 有本事賠掉千萬的人，就有本事想辦法把千萬賺回來！
>
> $ 不論未來遇到多少困難，我都不能害怕！繼續前進！
>
> $ 當你的現金沒辦法動用，可能卡在某一間房子的頭期款、卡在某一張不願意認賠的股票裡，在你身體出狀況、家人住院時，保險幾乎都是救你一命的重要關鍵。

意外和明天誰先來？
實支實付最重要！

　　「理財」說起來簡單，但是做起來其實不容易，它的範疇可以很小也可以很大，如果你有穩定的收入、配置生活支出，其實這就是最基本的理財，例如月薪進來後，先扣掉房租、卡費，剩下就是生活費。如果你已經有這樣的概念，那其實已經達到所謂的「理財」。

　　但是理財當然不可能只有「賺錢」和「花錢」，很多人第一個想到的當然就是買基金、股票和外匯。而對大部分台灣民眾來說，「買保險」其實是很重要的一環，因為現在保險的類型百百種，過去台灣民眾最愛的儲蓄險，現在也有許多變形。為自己買一個保障、保護身體、保護資產，也是保險的概念。

　　就像我們以前最常看到新聞這樣寫：「某某知名歌手，唱片公司幫他的喉嚨保險 2,000 萬。」、「拍一場危險性很高的戲，經紀公司幫演員保了 3,000 萬的險。」，而這幾年最流行的就是「防疫險」和「隔離險」，還有另

外一種則是「幫你的房子保險」，如果意外身故了，銀行還能幫你償還剩餘貸款，不用擔心債留子孫。

有時真的不知道「明天和意外誰先來？」2021 年底，我意外搭了人生首次的救護車，好難忘也好可怕的經驗。不確定是不是施打疫苗的緣故，兩天後工作滿檔的一天，整天工作時一直覺得「心跳怪怪的」，由於目前是獨居在工作室，害怕晚上發生什麼意外，我想說回去前檢查看看好了，沒想到這一檢查就不得了了。

醫師告訴我「心臟酵素指數」過高，一般人的指數是 25 左右，而我已經升到了 600，醫師請我在急診室留院觀察，如果幾個小時後有降低就能回家。只是沒想到接下來數字不降反升，一路升到近千，他們告訴我，「這裡是急診，要轉去總院，隔天才會有心臟科醫師協助。」我就這樣立刻搭上了救護車，只記得我跟開車的大哥說：「不用開太快，我沒事！」然後我就睡著了。

當時被推入急診重症病房，我只記得我好餓，因為白天工作滿檔，從中午 12 點後就沒有進食，在急診室待到隔天早上 7 點，因為擔心如果要緊急動什麼手術，空腹是最好的狀況。但在我的詢問下，護理師才允許我叫外送早餐，至少解決了一點點心情不好的小狀況。

到了當天下午，我開始有點上氣不接下氣，每一次呼吸都感到胸悶，可是照了許多次超音波也都看不出個所以然。我每次換氣都會陣痛，痛到在急診室慘叫，最後護理師緊急給我打了嗎啡，瞬間緩解我的症狀後，我又被推來推去做各種檢查、照各種超音波，最後才轉到了住院病房。

　　當天晚上雖然緩解了胸悶的不舒服，卻也幾度覺得自己是不是會發生什麼事，這種可怕的感覺揮之不去。一個人待在病房裡看著天花板，覺得這一切好不真實、好害怕，當然，也真正感受到了「生命的脆弱」。我們真的不知道，明天和意外誰會先來？

　　雖然身體疼痛緩解了，但在睡前醫生還來告訴我，「心臟酵素指數仍然飆高到了6000」，如果這個數字沒有「往下」，都是很危險、很需要注意的狀況，於是我戴著氧氣罩入睡，這一晚睡得特別不安穩，也是從沒有過的心情。

　　這一週在醫院做了所有大大小小的檢查，包含心導管檢查、心電圖檢查、24小時心電圖、核磁共振，我自己也很意外，沒想到短短幾天內身體要打入這麼多的顯影劑，每天早晚都要挨一次針，不停抽血、不停換針頭。而

因為疫情的關係，只能有一人陪病，所以家人、朋友都離我好遙遠，病房真的很冰冷！

我記得住院這一週適逢雙 11 檔期，所有的業配、直播全都卡在一起，經紀人每天當起「喬期姑娘」，把所有的檔期乾坤大挪移，最後真的喬到極限中的極限，我週四早上 11 點出院，下午 1 點直播、5 點拍業配影片、8 點預錄直播。雖然剛出院真的不該排這麼滿的行程，但我知道所有人已經等了我超過 8 天，我必須有健康的身體，繼續好好還工作債才是。

因為我住的是單人病房，加上林林總總的費用，記得出院那天刷卡將近 4 萬元，我不禁想，「如果是一般上班族，這根本抵掉一個月的月薪，要怎麼付？」幸好，我有三家實支實付保險，讓我所有的住院和醫療費用都補貼回來，還能倒賺一些零用錢，雖然沒有人想賺這個錢。

我第一次意識到了「意外險」的重要性，出院第一件事除了做「保單大體檢」外，更緊急聯絡保險業務員，幫幾乎沒有保險的爸爸保險。因為爸爸剛好 64 歲，通常過了 65 歲後就沒辦法加保了，我就緊急幫他買了一張保單，對我來說，真的就是「買一個保險」！

想到我年邁且患有糖尿病的姑姑，這幾年偶爾不小心

跌倒，每次開刀費用都是六位數字起跳，加上沒有保險的情況下，其實每一筆醫療費花下來真的差很多，尤其有時又分為「自費醫材」和「健保材料」，很難在兩者間抉擇。我也在這幾年深深感受到了保險的重要，保險不用多，但要買得剛剛好！

 理財班主任金語錄　　　　　　　　　　**...**

> \$ 不論你是哪一種理財人格，都要有保險，因為在危急時，它會是救命的重要關鍵。
> \$ 保險不用多，但要買得剛剛好。

趕走窮人思維，靠自己成為富一代

好的保險業務，
讓你真正把錢花在刀口上

在世新廣電畢業後，我存到 50 萬的事在朋友間陸續傳了開來，因為我大學四年幾乎都在打工，每個晚上和週末都跑去補習班打工，而最後成為社會新鮮人時，我也沒有放棄斜槓的工作，最高紀錄曾經一次「做四份工作」，努力開源節流，成了我人生的唯一指標。

那天我接到了一通電話，是來自大學很好的朋友……

「關，你最近工作忙嗎？」

「還行啊！就是跟平常一樣忙！」

「我換工作了！」

「真的假的！還好嗎？」

「而且這是我最後一份工作了！」

「我們才 23 歲耶！話別說太早吧！」

「是這樣的，我在保險公司上班。」

「恭喜呀！你口才不錯，應該可以賣很好！」

「我記得你很會存錢、把學貸都準備好了！」

「對啊！怎麼了？」

「我想要跟你請教，然後跟其他人分享這個概念。」

「好啊，我也可以跟你分享我的經驗。」

「謝謝關，我要跟你好好學習。」

　　當天我就這樣答應了大學同學，本來以為就是一場很單純的「經驗分享」，我抱持著很快樂的心情抵達公司附近的火鍋店，當我們吃到一個段落以後，對方開始拿出了紙筆，畫著「一個竹竿人，要扛起多少收入，才有可能退休和支持家庭……」就像是公民課本看到的那種示意圖。

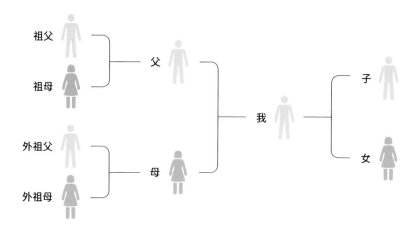

　🏠　趕走窮人思維，靠自己成為富一代

到了這裡，我開始有一點點不悅，因為本來以為是「他要跟我討論存錢的經驗」，結果變成了「他不斷在講述為什麼需要保險」。我也覺得莫名其妙，因為我並不排斥被保險業務員約出來聊聊，可是如果是用了其他名義誘拐，我反而認為確實有一些不妥。最氣的是，火鍋錢還要各付各的！（當時天真以為對方會請客！）

故事到了這裡還沒結束，不知道對方是隸屬哪家保險公司，總是給他各式各樣的「任務」，例如這個月要發50張問卷、下個月要找50人來聽講座、聖誕節要發出50張卡片、端午節前要認識50個陌生人，聽起來很辛苦的各種任務，但是在我耳裡聽起來很刺耳，我心中只有一句OS：「關我屁事？」

因為人情的關係，我多少還是有配合填問卷、收卡片這種比較不痛不癢的事情，就當作舉手之勞。只是最後真的要我買保險的時候，我確實很害怕，我怕的不是保單好壞，而是對這個人還能不能信任？是要為了這個月的業績賣保險給我？還是要賣一張抽成比較高的保險？

尤其許多營業處會主打「業績達標，歐洲旅行！」有時候我都會想，該不會就是拿我們的錢去玩吧？我覺得大家真的一開始對保險印象不會太好，尤其碰上了比較煩人

的業務員，更是難以消弭這個成見。更可惡的是，他口口聲聲說「這是最後一份工作」，居然在兩年後就離職了！我真的鬆了一口氣，心想，「還好沒有跟你買保險！」

不過說到這，也要幫許多保險員講話，因為隨著年紀增長，確實認識了許多值得信任的保險業務，他們常常叫我「不要買太多保單」、「這個不建議繼續繳款」、「我快去幫你申請理賠！」

有些業務員服務真的很好，陪著你去完成健康檢查、額外幫你申請別家的保單理賠，甚至當你把所有的儲蓄險、意外險拿出來，他還願意幫你全盤規畫，幫你看清楚到底什麼保單是真正需要，以及缺少哪一塊醫療險，才能讓你的錢真正花在刀口上。

畢竟我們賺的錢有限，又不是每張保單都能「賺回來」，何況我們買保險又不是為了期待自己「出大事」。我們常聽到一句話，**「你很會賺錢，但也要有這個命花！」**身體健康真的很重要，所有事情健康第一！如果不幸出了什麼事，還有保險在！

以平均月薪 4 萬來說，一年一個人如果花在意外險 2 萬，就已經滿多了。說到這，不妨也拿出你的保單檢查一下，是否都有買到對的保險呢？

攤開存摺！從理財配置找自己！

　　我記得很久以前在朋友圈中做過調查，問朋友們有沒有買保險、有沒有投資，每個人都會顧及面子，怕被同事當成「不聰明的人」，所以都會自信滿滿表示自己「有買保險」、「有投資」，但通常追問下去，想要細聊相關話題時，結局幾乎 80% 都一樣……

「你有買保險嗎？」

「當然有呀！」

「那你買了幾張？分別是什麼功能？」

「我不知道欸！就朋友叫我買呀！」

「那可以幹嘛呀？」

「大概就是住院應該有補貼吧！」

「你有投資嗎？」

「有呀！定期定額的基金！」

「那他們是能源還是哪種標的？」

「我不知道欸！我看新聞就一起買了！」

「那你不怕賠錢？」

「我怕啊！」

「那你怎麼還這樣亂買⋯⋯」

在真正開始認識保險、投資、理財之前，必須先清楚了解自己的性格，如果真的是比較懶惰型的，你可能要先找到值得信任的業務員，避免他只會推薦「自己抽成比較高」的產品，也必須要培養基本的獨立思考和判斷力，去深思自己有沒有這個需求。

我認為**「雞蛋絕對不能放在同一個籃子」**，把太多的積蓄放在定存、把太多的存款換成美金，都是不好的！前幾年不是很流行買美金嗎？每一個人都在瘋美金定存、狂買美國股票，結果賺錢是賺錢了，但誰知道幾年後的某天，美金匯率會低於 29，這樣匯差算下來，可能根本也是白忙一場。

通常開始配置自己的理財之前，我們可以以「個人」為單位，也可以以「家庭」為單位。隨著年齡增長，身邊確實許多人開始成家立業，考量到小孩的奶粉錢、未來的保險費、補習和才藝費用，這些都必須算進支出，才能全

面考量自己要放多少錢在投資和保險。

　　網路上也有許多專家提出「631 法則」，跟前面提到的「422 法則」概念其實差不多，主要是依據你個人的收入，去調配花費的比例：

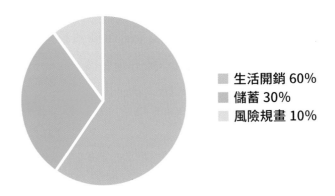

生活開銷 60%
儲蓄 30%
風險規畫 10%

　　當你有了「複利」概念以後，投資錢則可以透過「錢滾錢」越漲越多，這時候你就可以慢慢調整你的財務比例：

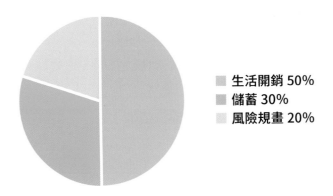

生活開銷 50%
儲蓄 30%
風險規畫 20%

像我從很小的時候就對「金錢」有概念，所以即便存了錢也不會亂花。我自己很清楚，每一筆存款存下來的目的，不能因為任意的「喜好」而改變，所以我自己是按照「442 法則」來規畫。

　　而 40% 的儲蓄已經達到我認為的「安全水位」，就像有人認為手邊要有 100 萬的現金，以備不時之需，不然如果發生什麼意外，緊急去賣掉一張股票、解約一張保單，反而是很賠錢的。

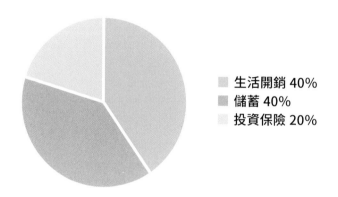

■ 生活開銷 40%
■ 儲蓄 40%
■ 投資保險 20%

1. 日常開銷：最基本的食衣住行育樂、家庭教育費、生活費
2. 投資理財：基金、股票、債券、房地產、權證、投資型保單

3. 風險規畫：意外險、失能險、住宅地震火災保險

　　另外要注意一點，購買名車不能算是投資理財，因為你們一定聽過「落地即賠錢」，基本上二手車轉賣只會變低價，還要扣掉稅務和折舊，除非你買到一輛全世界不到五輛的限量名車，才有機會漲價。

　　當然也會因為隨著時間轉變，你認識了更多投資商品和保險標的，可能會因為貨幣漲幅或市場機制，可以隨時調整自己的財務分配，但切記一件事，就是「雞蛋不能放在同一個籃子裡。」

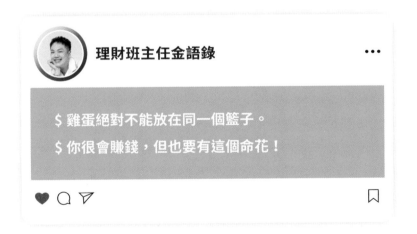

理財班主任金語錄　　　・・・

$ 雞蛋絕對不能放在同一個籃子。
$ 你很會賺錢，但也要有這個命花！

保險懶人包：
意外險、失能險、癌症險

　　有些保險業務員在推銷過程中，習慣舉一些誇張的案例，「我身旁那個誰誰誰幸好有保險，不然他突然變成了漸凍人，家裡爸媽都退休了，一定無法支付這樣龐大的醫藥費。」話鋒一轉，就會開始推薦你一定要買這張保單，以防未來如果發生什麼意外，可以當作緊急備用金。

　　其實，保險業務說的話幾乎都是對的，我也明白本來就是買一個風險規畫，畢竟當你事業有成、成家立業以後，如果你不幸倒了，誰能接手繼續承擔？這個時候真的非常需要保險。

1. 意外險

　　「意外」就是指任何非疾病帶來的意外傷害，例如被酒駕車禍撞死、高速公路追撞殘廢、走過人行道被招牌砸傷、在工廠上班手指頭斷掉……主要就是「外來」、「非疾病」，通常會對照一張「殘廢程度與保險金給付表」，

最高理賠 100%、最少 5%，不過因為認列非常主觀，難免會產生許多爭議。

　　保險公司的意外險會包含主約、附約，通常可以意外險搭配醫療險實支實付，後續的開刀、住院、回診，才能獲得額外的理賠金額。幾乎每一個人都有一張最基本的意外險，萬一不幸出事時，就能成為你的重要後盾。

2. 失能險

　　不論工作還是生活、意外或疾病，導致身體的某一個器官失去功用時，也就是過去大家比較常聽到的「殘廢」，但現在統一改為「失能」，聽起來也文雅一些。

　　失能險分為輕度、中度、重度，依照購買的保單性質，會分為每月或每年啟動理賠，另外還包含了「請看護的費用」。失能險也就是保障「意外」帶來的後續，但如果對失能險有需求，就必須要看清楚保單內容，假設是「持續理賠三十年」或「理賠至死亡」，若三十年內因故身亡，是否還能領到身故保險金，這都藏在保單陷阱中，所以在簽約之前一定要先問清楚。

　　我記得當時自己評估完「我願意繳的保費」跟「理賠金額」後，認為如果不幸失能，給我一筆 20 萬的醫療

費，可能也是杯水車薪，後來我就放棄了加保失能險的選項。保險本來就是一場賭注，選擇少加保一個項目，就應該要更顧好自己的身體，例如增加運動頻率，才能讓自己降低失能機率。

3. 癌症險

癌症一直都在台灣死因排行榜中名列前茅，而且多數人幾乎都是「外食族」和「外送族」，很難保證每一餐吃得多健康，難免都有罹癌的風險。更不用說，在你我身邊「大腸癌」和「乳癌」更是很常見的癌症之一。

但隨著醫療進步，加上民眾對健康檢查越來越有概念，如果比較早期發現，就能夠透過不同的方式面對，我身旁也有許多人是癌症初期痊癒後，現在幾乎沒有什麼後遺症。

根據統計，台灣罹癌患者平均一年醫療費約 50 萬左右，而保單大多分為「一次性給付」和「定期型給付」兩種。如果你是選擇「一次性給付」，建議理賠金額最少落在 50 萬，才有可能補貼標靶藥物和化療費用。

另外「續保年齡」也是重點，雖然近年得到癌症的年齡層有降低的趨勢，但有些保單規定 65 歲、70 歲後無法

續保癌症險，這也必須列入考量。如果擔心自己年邁後少了一張保單輔助，也有專家建議搭配「重大傷病險」購買。

　　沒有絕對好的保險，也沒有絕對不好的保險，因為你根本不知道，在有限的人生裡會發生什麼事。所以我很建議**去計算你的年薪，用年薪的 10% 以下買保單**，剩下的錢倒不如拿去購買股票、ETF，還更有機會把錢變多！

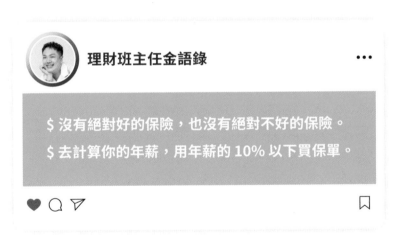

理財班主任金語錄　　…

$ 沒有絕對好的保險，也沒有絕對不好的保險。
$ 去計算你的年薪，用年薪的 10% 以下買保單。

這幾年最紅的「房貸壽險」在玩什麼把戲？

　　我朋友最近在中南部買了一棟透天厝，因為是固定的月薪族，在每一步下手前都非常「斤斤計較」，希望可以透過比較低的利息，貸到最高的金額，才能夠減輕每個月的支出，更不用說，上百萬裝潢費都還沒算在內。

　　房貸幾乎成了所有家庭每月最大的支出，而且銀行基本上都規定要加保火災地震險，畢竟銀行把大筆金額借給了你，最擔心的就是「你還不出來」，所以他們也會想盡辦法，保全這些錢可以回到他們手中。

　　在房貸核准下來時，近年業務員通常都會搭配推銷「房貸壽險」，而許多人在有了「房貸壓力」的當下，通常腦波會比較弱，銀行行員只要多問一句，「如果你身故後，希不希望房子留給子孫？」通常就點點頭簽約了。

　　顧名思義，房貸壽險就是將「房貸」和「保單」結合，也就是說如果貸款者在還款期間，確診重大疾病導致失能或死亡時，可將這份附加的保險金優先協助償還房

貸，才不會因為負債過多，讓房子變成了「銀拍屋」（經銀行聲請強制執行的抵押不動產，如果無人承擔，由銀行自行處分）。

房貸壽險還有一個附加的好處，大部分是透過銀行房貸專員直接銷售，所以不會額外「審核身體狀況」，通常可以直接購買，而有些銀行專員技巧比較高超，可能會因為你加購了房貸險，重新幫你爭取更高的「貸款成數」，例如本來只能貸款 8 成，最後貸到了 8 成 5，如果貸款金額上千萬，其實也是另類減輕負擔的一種方法。

當中分為「足額投保」和「足期投保」：

1. 足額投保：隨著貸款金額高低，決定保費。
2. 足期投保：隨著貸款年限，決定保費。

通常建議一定要「足額足期」，以免身故後，家人還要補交保費才能啟動理賠。

另外房貸壽險主要分為兩種：

	平準型	遞減型
保費	較高	較便宜
保障	固定	遞減
適合對象	家中主要扛收入來源的對象	單身小資族

　　如果家族成員較少，又沒有後代子孫，反而不建議加保房貸壽險，除了增加月負擔以外，身故理賠留給受益人意義也不大。所以在「加保」前還是要冷靜想想，這樣的保障對你來說有沒有需要，才是最重要的。

儲蓄險、投資型保單，真的這麼好嗎？

「一天只要存 333 元，六年後你可以領回 100 萬！」應該聽過許多保險業務員這樣說吧！這說法超級吸引人的，好像我今天只要少逛一下網拍、每個月只要繳一點點錢，就可以領回「100 萬」！一聽是不是就瘋掉了！

等等！先冷靜！這樣算下來一個月大概要存 1 萬多，一年存下 15 萬左右，六年你本來就存下了 90 萬，利息大概是賺到 10 萬元沒錯，其實 10 萬元這數字不多也不少，但你真的需要嗎？

在這之前，記得要把通貨膨脹算進去。以食物來說，台灣 2022 年食物通膨率是亞洲第二名，試著回想以前早餐店的鮪魚蛋餅 25 元，現在變成了將近 55 元，大冰奶也至少 30 元起跳，跟外面手搖杯的價格越來越接近。也就是說，生活的通膨早就不只 2%、3%，那六年下來的利息，趕得上通膨嗎？

2020 年 6 月，掀起了一個「停賣六年以下」儲蓄險

的風波，因為新聞鬧得太大了，所有保險業務都聞雞起舞，開始瘋狂推銷「這樣的保單以後沒有了！」老實說，我也耳根子軟了，就跟著買了一張，誰知道過幾個月以後，就有各式各樣不同的「投資型保單」、「七年以上儲蓄險」變形出現了。

保單本來就沒有絕對的好壞，每一張保單都可能是「當時最好的選擇。」因為市面上保險的產品變化多，而你也不確定未來會出現怎樣的產品，像是現在許多「投資型保單」打著 5% 高利，你只要每年存下一筆金額，或是大筆躉繳進去，就能月月領配息。但是當然要注意，這樣的保單是沒有「保本」的，可能會因為市場變化，導致你本金降低，配息領得再多可能都補不回本金的損失。

說了這麼多，你可能會以為我很討厭儲蓄險？不是的，我真的好愛買！有些保單是家人趁我小時候用我的名字買的；有些是剛出社會時，希望可以幫自己存下一筆錢而買的。

前陣子翻保單的時候就翻出了一張驚喜，大概是至少十五年的保單，以前定存利息相當高，大家對儲蓄險根本興趣缺缺，但沒想到我媽居然幫我保了這一張保單，到現在我意外得知，「每五年會給我 20 萬生存金」，直到身

故為止，從 30 歲一路有機會領到 100 歲！

現在想起來真的超酷的，現在聽到 5% 利息真的會覺得很高，但當年真的是一張無感保單。所以你要說儲蓄險完全沒用？我也不會這樣想，只是在你的理財配置裡，本來就要分配好高風險、低風險，才不會一失足就不小心破產。

談到買了後悔的保單，當然也有！我 2019 年買過一張「美元儲蓄險」，概念大概是一年存下 1 萬元美金（相當於 30 萬台幣左右），七年後就可以領出一筆很可觀的數目，同時結合壽險，如果意外身故還能讓受益人領到一筆錢。

以目前「單身男子」的理財規畫，我常常覺得壽險對我來說意義不大，因為當我老去，長輩可能已經陸續離世。如果沒有後代子孫，這筆錢能給我的幫助並不多，頂多辦一個華麗的告別式。（所以保險真的要看每個人的狀況，已經為人父母的話就非常適合。）

三年前簽約時，我是領固定薪水的上班族，我認為如果每個月能多存下一點錢，還可以免去研究股市的煩惱，甚至可以逼自己存錢，有什麼不好？甚至領出來的金額是很大一筆！

可是在三年後的今天，也就是發生在我寫這篇文章的前幾天，我正在苦惱如何「解約」。我把保單傳給理財專家、保險業務看，每個人都給了我不同的意見，像是可以「減額繳清」或「部分解約」等，我綜合思考後，最後仍然決定繼續把剩下四年繳完，因為不想因為前三年在美元高點時買的保單，現在因為「部分解約」後，意外損失一筆匯差和虧損解約金。

這世界上真的很難有七年不變的事！你跟一個人可以交往多久？你做一份工作可以多久？以後只要是長期的合約，都必須要一再謹慎思考，如果你後悔了，就得賠錢！

如果你問我，長年儲蓄險、投資型保單適合怎樣的人？那就是剛出社會的新鮮人、不會存錢的月光族，以及對投資沒概念的月薪族。至少可以保障你每一年存到一筆金額，而在未來需要時，這筆金額可以解約提領，或是一直存到老，當作你的退休金都不無小補。

當然，網路上很多說法，有人反對年輕人買類似這樣的保單，說是買了後悔的居多，但是我並不認為，因為通常剛出社會很難有「買房規畫」，可是當你年近30歲想買房時，通常儲蓄險可以提領出一筆很可觀的數目。

如果你年輕有為，並且對自己的理財配置非常有想法

和規畫，我想儲蓄險可能比較不適合你，因為你一定會拿去放在報酬更高的標的物。

 理財班主任金語錄 ・・・

$ 在真正開始認識保險、投資、理財之前，必須先清楚了解自己的性格。

$ 保險本來就是一場賭注，選擇少加保一個項目，就應該要更顧好自己的身體，例如增加運動頻率，才能讓自己降低失能機率。

$ 保單本來就沒有絕對的好壞，每一張保單都可能是「當時最好的選擇。」

$ 這世界上真的很難有七年不變的事！

ethan_kuan_kuan

Chapter **5**

股票打造被動
收入，
提早練習賠錢
才會賺錢！

第一張股票居然從買美股開始？

　　我大學畢業後想還清學貸，卻被理專提醒，可以不要急著把現金還掉，後來就開始認識了「利息」這個概念。還記得畢業後一段時間，有個最幽默的故事讓我畢生難忘。有次去巷口的銀行找那位理財專員辦事情，他鬼鬼祟祟地要把我帶到銀行外面聊一下，當時年紀很小的我充滿疑惑，想說有什麼事不能在銀行裡說呢？

　　「關先生，這幾年我們緣分很深。」

　　「怎麼啦？特別需要出來說？」

　　「其實我即將離開這間分行。」

　　「謝謝你的協助，祝福你未來更順利哦！」

　　「我只是要跟你說，我還是會在金融業，未來我們保持聯絡。」

　　「好的，加油！」

其實我當時連他要去哪都不知道，只是想說給予祝福是很基本的禮貌，沒想到幾個月後就有了他的消息，他從本土銀行跳到外商銀行，主要負責販售保險、美金保單、美股等項目。我想說無論如何，只要有變化應該都是好事吧！

　　當時我出社會幾年已經有了一些存款，也跟著這位理專買了幾張保單，後來開始做美金基金，但進出的頻率其實滿低的，大概一個月只會接到一兩通電話下單，後來我才知道，原來是我存的錢不夠多，很難找到適合的標的買賣，扣掉手續費要有賺錢贖回才比較划算。

　　身為牡羊座就是激不得，剛好手上有一筆閒錢，反正暫時也沒有什麼欲望，沒有要買房買車，也沒有要買包包、鞋子，乾脆就轉給理專吧！後來在他的帶領下，我第一次認識了美股，透過複委託的方式下單。

　　看到這裡，一定很多人會有很多疑惑……

　　「會不會很容易被騙錢？」

　　「他們是不是都只推薦自己手續費抽比較多的？」

　　「自己看盤、自己賺錢不是更好嗎？」

　　當然，現在網路上也有很多美股課程，教大家如何開

啟第一步，但是對我來說工作已經夠忙碌了，尤其當時在當記者的我，根本不可能有時間去關心股票的漲跌，我決定要「**把專業交給專業**」，讓專業人士替我賺錢。

一開始我抱持著半信半疑的心情，大多時候就是每天接電話，下單、掛單、買進、賣出，隨著電話聯繫的時間越來越頻繁，我開始意識到「好像賺了不少錢！」每天這樣進進出出，平均一個禮拜也能多出 1 到 3 萬元，對我來說就是某種不無小補的被動收入！（當然，你放進去的本金一定也要足夠滾出來。）

過程中，我也經歷過賠錢的時刻，記得有一次遇到大低點，放了太久都沒有起色，理專建議我整單贖回，記得光那一單就賠了 20 萬。雖然心痛，但我告訴自己，「**這就是理財練習的過程，你要有賺有賠，才會賺大錢。**」

有一年我就這樣每天接電話、按密碼，當然我也很清楚所購買的標的和金額，沒想到一年下來，頻繁進出獲利將近 20%，我感到不可思議！原來「錢滾錢」這件事是真的，只要把錢放在對的地方，就有機會賺到更多錢。

我也明白其實這樣頻繁進出真的被扣了不少「手續費」，但是比起每天日夜顛倒盯盤，還要擔心美國股市的漲跌，我告訴自己，「**把時間用來選擇好好生活，才有機**

會賺更多的本金，把專業交給專業吧！」

　　雖然我有賺到錢，也推薦身旁的朋友加入，但我也不鼓勵把錢都投在某一種投資方式上。大家還是要清楚自己的投資配置，也要明白把錢放在不同的地方都有意義，不論是保險、美股、台股、ETF，只要把錢放對了，那就很有意義。

　　從來沒有買過台股的我，萬萬沒想到人生第一張股票是從美股先開始，謝謝這份寶貴的經驗，也讓我從投資理財的世界慢慢轉大人了。

理財班主任金語錄　　　　　　　　　•••

> $ 把時間用來選擇好好生活，才有機會賺更多的本金，把專業交給專業吧！
>
> $ 這就是理財練習的過程，你要有賺有賠，才會賺大錢。

三級警戒中學會看股票，「當沖」讓人失心瘋！

　　大學時被爸爸帶去股市，他用我的名字開戶，想要每個月幫我買定期定額的股票賺取配息。我只記得我開戶成功了，但拒絕這項投資，因為我內心一直有一個聲音，**「我希望手上的每一分錢，都是我自己賺來的！」** 硬骨子的我，堅持不碰不懂的投資項目，即便不是我的錢，我也不隨便拿來投資。

　　過了十年，2021 年台灣因新冠肺炎進入三級警戒，整整三個月沒辦法出門，當時怎麼可能不慌？所有主持活動取消、校園講座延期、實體活動停辦，談好的工作一個一個從行事曆上「被消失」。我想辦法把工作轉成直播、團購等不同形式，但是公司持續的支出並不會停止，所以我得找到止血的方式，貼補我的生活費。

　　當時「航海王」大紅，每個人都跟進買股票，從來沒有證券戶的我也開戶了！雖然懂得還不多，但是我時間很多，每天都可以上網看 YouTube、買理財書來學習，下載

好證券 APP 後，早上居然還會設 9 點的鬧鐘，逼自己即便沒工作也要早起來看股票。

身為股市菜鳥的我什麼都不懂，一開始以為買到航運低點，兩天後看它漲到不行，準備要賣掉的時候打開 APP 後台，才發現三天前根本沒有買到！原來掛單不代表會買到，也要成交才有辦法成功買進或賣出，當時真是白高興了一場，後來決定好好研究不同的使用方式，開始買股票。

身旁的人都在瘋「航海王」，每天看長榮、萬海高高低低，我也失心瘋進場，一開始會買一些零股，偶爾買進一整張，這樣進進出出，每天居然可以賺到將近萬元，我也覺得不可思議！我心想，「如果每天都可以靠股票賺進 1 萬元，那一個月就多入帳 20 萬！」可惜天下就是沒有白吃的午餐，這些錢不到兩個月就被我不小心賠光了！

開戶滿三個月後，只要達到指定交易次數，就能夠獲得「當沖」資格，所謂的當沖就是當天買入的股票、收盤前可以賣掉，也就是說你手上不用真的有這筆錢，也可以大膽地一次在早上開盤時買入 50 萬的股票，收盤時如果剛好是 55 萬，你就可以當日賣掉，手上零成本就能賺到 5 萬元。

聽起來容易，但其實做起來很難。因為如果你沒有足夠關注相關的消息，當你以為是股票低點而進場，沒想到錢全部卡死還跌到谷底，甚至兩天後如果沒辦法扣款成功，就會導致「違約交割」，除了投資帳戶被凍結外，還會影響你的信用紀錄，而且未來如果有貸款需求，都會被銀行放大檢視。

嚐到了「當沖」甜頭後，我就每天早上 9 點起床看股票，還固定會配早餐、新聞台，聽一些股市分析師的建議就跟著買。一開始多少都有賺一些，有時候還因為買太多不敢睡回籠覺，很怕一覺醒來世界都變了。那段時間我變得好容易累，每天早起又熬夜，很不健康。

偶爾有外出的工作時，會因為還沒收盤影響整天的心情，一直擔心股票賣不掉，又要緊急轉錢過去才能扣款，內心多少有點提心吊膽。最嚴重的一次是自以為先「買空」，但收盤差點無法賣掉，幸好在最後一刻終於順利賠錢賣掉，不然也會導致其他罰則。

後來我告訴自己，**「不懂的股票真的不要碰！」**不要因為哪個朋友傳訊息來，說要買哪支股票，就不小心跟著買。畢竟每個人都只會跟你說，「什麼時候要進場」，卻從來沒有人跟你說過，「什麼時候要出場！」

這幾個月在股市玩了一圈的經驗，一開始確實起起伏伏真的有賺到 30 萬，但沒想到後面幾個月就不知不覺賠光了，甚至現在還有好幾支股票根本捨不得賣出，就放著等配息，希望用時間攤平成本，看未來好幾十年有沒有機會賺回來一點點就偷笑了。

你可能會問我，那要從哪裡開始觀察股票？我的答案是，**「從生活取代新聞！」** 不要再去聽信電視台的資訊，畢竟那些訊息都差了幾個小時、幾天，我們可以去看哪個集團廣告很大、哪個生活產品最近熱賣。

像我自己現在就習慣走一趟市場，看看哪些乾麵賣得好、哪個集團牛奶被搶光，再回去查他們的股票和新聞，研究是不是有下手的機會。另外也建議大家從自己喜歡的領域下手，例如你可能喜歡電動車、可能喜歡用 Apple 手機，那就要把握不同新品上市前後的時間，找到對的時間，買到你精挑細選的那一支，它就會是績優股！

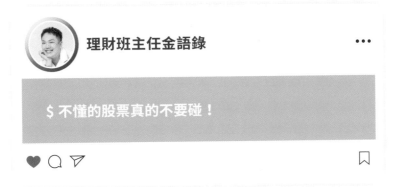

理財班主任金語錄 • • •

$ 不懂的股票真的不要碰！

投資還是投機？從性格決定 「短期買賣、長期持有」

　　如果你剛進股市，一定要清楚自己的性格，否則絕對會經歷像我這樣的暴衝時期，每天想要卯起來買、賣，雖然看起來好像賺到了許多零用錢，可是一不小心，最後都會統統賠出去。千萬要記住：**「股票是投資，不是投機！」**

　　我們最常聽到其他人說，「我股票今天有賺錢，我來請客！」但是很奇妙，幾乎沒聽過別人說，「今天我股票賠錢，你請我吃飯！」因為沒有人想要承認自己賠錢，所以你真的會誤以為大家都在賺錢。而且說不定賺了 5 萬又投入股票市場，最後賠了 10 萬，根本白忙一場，甚至還要繳稅。

　　經過了這段時間，我更清楚股票需要的是「耐心」，也必須明白自己想要「短期買賣」還是「長期持有」，決定好方向以後，才能夠選擇更適合自己的標的物，更有機會用錢滾錢的方式，賺到更多的零用錢。

　　有時「短期買賣」其實很像是一個賭博遊戲，只要有

人賺錢，就一定有人賠錢。

> 　　舉例來說，你以 200 元購入一罐醬油，在市價
> 220 元選擇賣掉，剛好有人願意購買，那你就現賺了
> 20 元。只是過了幾個月後，這罐醬油如果價值 250
> 元，買方選擇再次轉手，他則賺了 30 元價差，但其
> 實你已經虧了 30 元，因為這 30 元本來就是你應該
> 賺到的。

　　所以其實這是一個很現實的世界，而我們也沒辦法保
證自己的判斷一定正確。何況有時候從新聞、網路上得知
的消息都很片面，沒辦法確定股票未來會上漲還是下跌，
所以我們常會聽到別人說「入袋為安！入袋為安！」只有
兌現股票，才算是真的有賺錢。

　　「長期持有」對許多人來說是一個相對安全的作法，
像是許多上班族可以選擇定期定額投入（或不定期不定額
加碼），用時間去攤平風險和本金，這樣做的方式可以免
去許多擔心，例如用 APP 設定每月固定扣款 5,000 元，
投入某支你看好的股票，當它上漲時你會開心，因為賺錢
了；當它下跌時，你也不會擔憂，因為適合買入更多。

在一開始練習的時候，我其實吃過很多悶虧，因為真的永遠不知道什麼時候是高點，什麼時候是低點。買了一些 ETF，看到它上漲時，心中難免會激動得想要賣掉，最後賣掉賺錢以後，卻發現它繼續直直往上衝。後來我就告訴自己，有些股票就是要放長期，不論它再怎麼漲都不要賣。那你可能會問我，什麼時候可以賣呢？當你需要一筆資金，想要買車子、買房子的時候，這些股票就會是你的頭期款。

我很同意有人說**「要練習心痛的感覺」**，很多固定月薪的小資族會覺得，「我薪水已經這麼少了，剩下幾千塊根本沒錢買股票，等我有多一點錢再來練習好了。」但很抱歉，如果你一直這樣想，可能永遠沒有那一天。

「你不用很厲害才開始，你要開始了才有可能很厲害。」我們不求有大筆資金投入股票市場，因為我們也沒這麼多錢賠，最重要的是，提早認識股票，才有機會把時間拉長，賺更多的股息，成為你最期待的被！動！收！入！

第一次買股票，都聽朋友說的？

「你為什麼要買這支股票？」

「我也不知道耶，我朋友都買了！」

「那這間公司是幹嘛的？」

「我朋友說現在可以買，我就跟著買了！」

這樣的對話是不是似曾相識？在朋友群中一定有不少這樣的案例，因為想要投入股票市場，沒有做足功課就心急了，看著朋友都買哪幾支股票，就跟著一起無腦買一波，心想反正「總有機會賺錢的！」

我當然也犯過這樣的錯，朋友總是神祕兮兮地說，「我聽說哪支會翻倍漲價哦！」我就很怕錯過機會，立刻打開手機 APP 買了好幾張，結果幾個月後賠了至少 20 萬，也不能怪誰，只能怪自己不做功課。

「不懂的東西不要碰，除非你做好功課！」回頭想想，如果一個名牌包 5 萬，你可能都要想半天，還要拍照

問朋友、上網找代購，最後才能決定要不要下手，那為什麼一張 5 萬的股票，你可以這樣 APP 輕鬆按一按，卻忘記自己其實正在花一筆大錢呢？

　　「投資理財有賺有賠，申購前請詳閱公開說明書。」 這句話我們最常在廣告聽到，這絕對是要提醒自己的重點。所以如果想要買股票，你需要知道哪些事？

1. 公司為什麼要上市上櫃？

　　因為公司需要更多的錢，上市上櫃以後就可以開放民眾買股票，投資這間公司。簡單來說，這間公司會拿民眾的錢去運用，至於什麼運用，就得視不同的產業性質而定。你相信這間公司有前景，就可以買他的股票。

2. 成為股東可以幹嘛？

　　如果公司賺錢了，你就會分紅；如果公司賠錢了，那你就跟著賠錢。就像我們常常看到路邊會有人在排隊，就是公司會發贈品給股東，感謝股東們對公司的信任與支持。家人常常拿一些環保杯、便當盒回來，就是股東的福利。

3. 如何選擇值得信任的公司？

現在其實網路都比以前發達，不用去買報紙、打聽公司，大部分資料都可以在網路上查到。要把握幾個基本原則，像是公司市值和股本大的股票，畢竟台股相對其他股票市場較小，很容易因為大幅買進和賣出影響波動。

4. 最安全的穩健型作法？

你一定聽過台積電、0050（元大台灣 50），台積電就是個股、0050 則是 ETF，看你是看好「單一公司」，還是想要分散風險。例如 0050 就是會用投資人的錢購買台灣前五十大的股票，也就是說，買了一張 0050 就擁有前五十名的股票，當然波動也就不會如此大。

像這幾年台積電的上下波動，一下子從 600 又降回了 450，許多長期看好台積電的人多少會擔心，但如果你手上持有的是 ETF，會透過專業人士調整購買的分配和比例，讓波動降低。

ETF 指數型股票，
讓你長期拿到穩定配息！

　　這幾年最紅的大概就是「ETF 指數型股票」，其中你們最常聽到的就是 0050（元大台灣 50）、0056（元大高股息），其實 ETF 就是將指數證券化，完全不用額外開戶，透過原本的交割戶就可以購買 ETF，而它的漲跌也就是跟著股票一起，如果購買的股票都上漲，那你手中的 ETF 也會跟著上漲；反之如果都下跌，ETF 也會賠錢。

　　現在買一張台積電至少要 40 萬元，一般小資族可能很難生出 40 萬元的空閒資金，就算手上真的有 40 萬元，也會擔心如果全丟進台積電，會不會卡住資金，就沒有辦法做更靈活的運用。所以這時候你可能就可以選擇 ETF，來降低風險成本，還能夠參與股票漲跌。

　　換個方式舉例，你可能會更清楚。我過去在 Podcast《負能量週記》節目中分享，如果關韶文開了一間經紀公司，你投資了我，我會把資金拿去投資

全台灣前五十名藝人，誰發片容易賺錢，我就幫他拍更高質感的 MV，看能不能賺到更多的代言費，然後回頭再分紅給股東。

當然這也是有淘汰機制的，如果我手上的前五十名藝人，有誰比較差，或是無法替公司賺到錢，那可能就會被我淘汰，換後面更優秀的練習生上來遞補，才能夠穩住公司的收益，也才對得起這些投資我公司的股東。

我們就把 ETF 當成是一間經紀公司，他們會透過專業的篩選機制，去評估所謂前五十名並且有發展性的公司，再用投資人的錢去購買，最後回頭再來發給大家。

「雞蛋不要放在同一個籃子裡。」你一定聽過這句話！也就是說，當你手中有五張台積電，像是 2022 年中，一下子從 600 多跌到 400 多，假設你是以 600 元買入兩張，也就是成本 120 萬，突然變成了 80 萬，你可能會嚇到吃手手，因為手上的 40 萬就蒸發掉了！但如果你購買的是 ETF，就比較有機會避免這樣的問題。

例如你買入一張 0050，券商就會拿這些錢去購買全台前五十名的股票，也就是說你買了一張 0050，就可以

買到全台的績優股，相對安全也靈活許多，只是對於想要短期買賣的朋友，可能就比較不適合。

除了大家熟知的 0050 外，我想推薦富邦台 50（006208），這張白話翻譯就是「比較便宜的 0050」。因為現在一張 0050 至少也要 10 萬起跳，006208 目前大約 7 萬上下，剛好在 2022 年這支 ETF 也滿了十年，過去年化報酬率高達 12.3%，表現很不錯，當然兩檔 ETF 還是有部分些微的差異，購買前也請審慎評估。

你可能會問，「如果不可能一個月有多 7 萬零用金買股票，怎麼辦？」其實現在也很流行定期定額購買零股，幾乎每家證券 APP 都可以進行設定，只要設定好了就會固定每月扣款，讓你用比較少的金額參與漲跌，當然買零股的唯一差別，可能在於必須支付相對比較多手續費。

除了 ETF 外，也有很多人會購買金融股，像是兆豐金、玉山金、新光金等標的，透過穩定的配息讓自己多一筆零用金，當拿到配息後再次投入市場，長期下來甚至可以達到零成本的配息效果，也是大家最想要的被動收入。

在配息的路上，最重要的就是耐心和時間，千萬不要看到哪一支股票漲了，緊急賣掉以後又期待隔天買回來。因為我們永遠不知道什麼時候是高點、什麼時候是低點，

與其期待賺差價，不如一開始就搞清楚狀況，用安全的方式賺到更多的錢。

理財班主任金語錄 ...

$ 不懂的東西不要碰！除非你做好功課。

$ 買股票最重要的是耐心，決定好方向以後，才能夠選擇更適合自己的標的物，也才能用錢滾出更多錢！

$ 在配息的路上，最重要的就是耐心和時間。

ethan_kuan_kuan

Chapter **6**

我這樣對抗
通貨膨脹！
30 歲買了 2 間
房子！

有錢人才買房子？
買了房子才有錢！

　　我其實從小都沒有「買房子」的念頭，因為家住台北市老公寓，雖然要自己倒垃圾、沒有管理員、要下樓蓋章拿掛號信、要爬樓梯……可是走路 3 分鐘就能到捷運站，家裡好幾個房間也算寬敞，再怎麼說也是溫暖的老房子。

　　因為交通很方便，我 30 歲以前從未離開過家，最遠大概就是念高中時，從家裡搭捷運轉公車到北投山上，需要花 45 分鐘左右通勤，其餘國小、國中都在家附近，大學也是幾站捷運可以到的距離。

　　常聽人家說「30 歲的目標，買車買房！」，不愛開車、沒有發財的我，覺得這些計畫好像都是「別人的計畫」。直到開始出了社會，才發現人生的目標會隨著自己的工作環境而改變。

　　例如身旁的同事們不太可能都年紀相同，一定多少大個一、兩歲，當我開始參加朋友的新婚派對、高中同學的入厝趴，我才感受到，原來擁有自己的「一個家」是多麼

不一樣的事，可以打造成自己喜歡的風格、住在自己喜歡的房間裡。

偶爾會聽到買了房子的朋友抱怨，現在成了「房貸少年團」，每個月的開銷都要精打細算，不然在還款壓力下，真的很怕一時之間沒算好，就沒辦法準時繳款。雖然這些朋友嘴上說是有壓力，但是我看到他們回到家中，在IG上發表自己「住起來很舒服」的樣子，不免還是心生羨慕。

身為長子的我，本來想說就一輩子住在這個老公寓，不僅交通方便、應有盡有，說真的也沒覺得哪裡不妥，只是很多東西都不是「我安排的」，例如沙發的顏色、窗簾的遮光性，長久下來確實會導致一些生活上的「不夠便利」，尤其要長期在家中拍影片，也會影響到家人的作息。

本來只是想租一間小空間當自己的工作室，但想要找代收包裹、代收垃圾，又希望不要太遠，條件列一列發現其實租金也不便宜，便心想與其幫房東繳房貸，是不是可以想辦法把房子買下來，當自己的不動產，未來甚至還有增值的可能，於是我的想法開始動搖。

某次經過內湖的知名連鎖房仲店門口，我朋友竟然二

話不說，轉頭問我：

「關，你最近不是有賺錢嗎？」

「對啊！我都有存起來了！」

「那你以後想要買自己的房子嗎？」

「會吧！但也不敢想，現在房價真的不便宜！」

「怎樣算不便宜？」

「我也不知道欸！我就看新聞說很貴！」

「敢不敢？」

「什麼？」

「我們現在進去看啊！」

「蛤！？？？」

還記得那是一個週末午後，就這樣衝進人家店面，甚至我想買的根本也從來不是內湖區，當天房仲就不斷帶我去看附近的房子，把他手上有鑰匙的都看完了，我們還留下了彼此的聯繫方式。

這位中年房仲有夠細心，記得我所有的需求，每週不斷寄新的物件給我，我看在他這麼熱情的份上，其實也不好意思拒絕，就在他的帶領下，也默默看了十幾間內湖的

房子,雖然最後仍然沒有找到中意的,卻開啟了我的看房之路。

　　現在回頭想想,還滿感謝當初這位瘋子朋友,如果沒有他的瘋狂,我可能到現在都不敢開始「看房子」。**以前一直覺得「看房子」是有錢人在做的事,但我現在才知道,很多事你要開始做了,才會變有錢。**

 理財班主任金語錄　　　　・・・

$ 人生的目標會隨著自己的工作環境而改變。

$ 以前一直覺得看房子是有錢人在做的事,但我現在才知道,很多事你要開始做了,才會變有錢。

想買一間房子，你要準備多少錢？

　　每一個人都有買房夢，可是看房看了一圈，發現房子太貴就放棄了！我很想跟你們說，千萬不要放棄，因為房子可能只會越來越貴，我們盡可能「以小換大」，先入手一間自住房，未來看到好的房子可以隨時轉手，把第一間房子賣掉。

　　當然，這中間也有許多要考量的額外成本，像是房屋裝潢費、房地合一稅，另外也要假設無法順利賣出，兩間房子的貸款是否會卡在一起，也會成為生活上的負擔。

　　如果你已經開始看房子了，口袋要準備多少錢才夠呢？先問問自己：

1. 如果想要買一間房子，你想要住幾坪？

　　首先問自己，你知道現在住的家幾坪嗎？有公設嗎？現在新大樓社區平均公設 33%，也就是說如果權狀坪數是 36 坪，室內實際坪數可能只有 27 坪左右，大約兩房、一

廳、一衛應該是極限。

2. 如果想要買一間房子,你要準備多少錢?

以台北市舉例,兩房一廳的房子大多落在 2,000 萬,
以首購族平均可以申請到 8 成貸款來算,自備款必須準備
400 萬,向銀行借貸 1,600 萬,同時必須要有穩定收入、
財力證明,足以佐證有辦法還款,才能順利借貸。

3. 如果借了 1,600 萬,你要還多久?

因為牽扯到關於本金、利息的計算方式,建議上網搜
尋「房貸計算機」,各家銀行都有網站和試算表可以輸入。

如果以目前升息平均房貸 1.6% 左右,還款三十年,
寬限期三年,單一利率:(通常可拉至三十~四十年)

本金 1,600 萬 + 利息 448 萬 = 本息合計 2,048 萬
本息平均攤還:60,847 元 / 月
本金平均攤還:70,716 元 / 月

4. 如果是夫妻、情侶共同購買,你負擔得起嗎?

假設以上述專案為例,每月平均攤還 5 萬 7 左右,也

就是兩人月薪加總至少要 10 萬以上，不然房貸確實會成為生活的壓力。如果買了房子卻過得苦哈哈，那倒不如繼續租房，快樂生活。

當然現在銀行也有推出各式各樣的方案，除了寬限期可讓人好好使用外，許多換屋族也會在寬限期滿後，選擇其他家銀行「轉貸」，如果順利申請過關，還有機會重啟新的寬限期，最後等於根本還沒繳到本金，就有機會把房屋轉手。

聽起來雖然容易，但也不要小看複利計算下來的利息，所以如果打算開槓桿投資延後還款，一定要注意手上的現金如何運用，放在其他標的物的利息一定要超過房貸利息，才是划算的配置。

設定好看房條件，貨比三間不吃虧

　　剛開始看房子的時候，一定會天馬行空地設定許多條件，尤其會上網爬文看很多前輩的經驗，也做很多功課。當然現實往往不可能如想像中完美，誰不想要有一個超大客廳和中島廚房？誰不想要有一個投影牆看電影，另外再有一間按摩間和麻將間？可是如果身在寸土寸金的雙北市，在手上現金有限的情況下，勢必要先做出一些抉擇。

　　尤其像我自己從未獨自在外生活，很多事情真的跟原本想的不一樣，例如以前不愛下廚煮飯，現在反而天天進廚房；以前不愛買包包和帽子，現在多到快沒地方放！當然這些也都是生活經驗的累積和改變，只是很多事情若提早設想，就能為自己的生活帶來更多的便利。

　　以下整理了一些我認為開始看房前的必要篩選條件，也方便你和房仲共同找出適合的標的物來看房：

看房前的必要篩選條件

	條件	一定要	可有可無	不用
地理位置	離捷運站近			
	離超市近			
	離醫院近			
	離超商近			
	離學校近			
	離大賣場近			
物件本身	有停車位即可			
	平面車位			
	24 小時管理員			
	白天管理員			
	代收包裹			
	代收冷凍包裹			
	瓦斯爐明火			
	健身房公設			
	游泳池公設			
	廁所有對外窗			
	客廳有採光			

趕走窮人思維，靠自己成為富一代

我認為應該先把自己喜愛的房屋條件設定好之後，再來開始找房子，因為很多時候大家都一味追求「新房子」，可是以現在的房價和預算，真的很難每個人都買到新房子，所以我認為要把條件列出來。也許你會問：如果是比較新的中古屋可以嗎？當然可以！只要預留重新牽管線的費用和裝潢費，說不定跟新房子的價差比較下來，許多中古屋還能用比較親民的價格入手！

　　當決定條件以後，最簡單的分類是：新成屋、中古屋、預售屋，因為類型的不同，在售價上當然也會有差異，我們可以權衡自己的需求，做出當下比較適合自己的決策。

　　像我自己在看房子的時候，就設定一定要有「管理員」、「代收包裹」和「代收垃圾」。想起這幾年當全職KOL的日子裡，我每天都被電鈴吵醒，不管是各種公關品、業配試用品，快遞從早上9點開始按鈴，有時候還會要拿印章衝到一樓領掛號信，有領到就算了，但有時跑下去郵差已經走掉，更氣人！

　　後來我就告訴自己，如果要搬出去生活，一定要有人可以協助代收包裹，如果能有代收冷凍包裹最好，但每一個條件其實都攸關「房價」，想要的服務越多，當然就會

轉嫁在消費者身上。

　　人算不如天算，結果沒想到買了房子以後，後來管委會成立，大多數的人居然投票認為自己可以去倒垃圾，其實垃圾車剛好就是停在家門口，只是對我這種非固定上下班時間的人比較倒霉，幸好最後找到了清潔阿姨可以另外收費，才解決了我倒垃圾的一大困擾。

 理財班主任金語錄　　　　　　　　　　　**...**

> $ 新成屋、中古屋和預售屋在售價上當然會有差異，我們可以權衡自己的需求，做出當下比較適合自己的選擇。
>
> $ 房子的每一個條件都會攸關房價，想要的服務越多，當然就會轉嫁到消費者身上。

新成屋、中古屋、預售屋的優缺點比較

	新成屋	中古屋	預售屋
優點	屋齡較低，多為電梯大樓，且有管理員、垃圾代收。	屋齡較高，可能沒有成立管委會，樓梯間雜物多影響逃生。	能夠客變，完全沒有隔間交屋，能夠打造自己的房型，又能省下敲掉牆壁的預算。
缺點	公設比較高，單價和總價也相對高。	公設比低，但多為爬樓梯，年長者比較危險。	實際交屋時間可能會延期，且可能和樣品屋有落差。
貸款成數	貸款成數落在 8-9 成，頭期款負擔較低。	若地區並非銀行認定增值地區，貸款成數可能會影響。	會先配合建商繳交工程款項，交屋再轉房貸。
其他特性	房地合一制上路後，很難在短期內增值並轉手賺取差價。	重新裝潢或隔間，很適合做成收租套房，賺取租金。	可在預售屋時買入，通常落成後房價會再漲一波，適合手上有多餘現金的投資客。

一轉眼就看了 100 間房子！

　　每個人看房子一定都是一段奇幻旅程！剛開始懵懵懂懂的我，每天都規定自己要逛購屋網頁半小時才能去睡，隨便抓幾個物件丟入我的最愛，然後再來一通一通電話打去問，還要一個一個約時間，如果可以，我就盡量都會約在同一個假日看完，一天最好能看個五到八間，這樣最有效率。

　　畢竟我從小到大都習慣住在台北市，一開始又把自己綁死，規定自己只能在台北市買房，最後打算從相對便宜的萬華區開始看。我超喜歡萬華的，好吃的東西多、房價又親民、有捷運又方便、到哪裡也都很近，於是我開啟了萬華區看房之旅。

　　記得一開始看了許多華西街附近的房子，雖然有人說這裡很亂，但我自己是沒有特別感覺，可能因為沒有生小孩的規畫，當然就少了學區的問題。我只要自己能夠安全，好像就沒太多顧慮了，只可惜看上的幾間房子，消防

車、救護車聲此起彼落，可能會影響到拍片的需求，於是
作罷。

　　一開始看房子真的超緊張的，什麼都不懂，也很怕被
房仲帶話術，例如明明很致命的缺點，房仲遊說一下又好
像沒關係了？例如我最堅持「客廳要有採光」和「廁所要
有對外窗」，每次都差點被唬得一愣一愣，後來我告訴自
己「請冷靜！」

　　後來在萬華區，我看了一間捷運共構的大樓，室內已
經裝潢完成，超級漂亮，有超大的客廳和落地窗，直接可
以看到整片萬華街景，要價 1,600 萬左右。當下完全沒有
裝潢概念的我，完全被吸引，已經跑去問銀行貸款成數和
談價錢，最後又認真思考了一下，「我現在工作比較少搭
捷運，共構要幹嘛？」

　　就這樣一連看了數十間，也被好幾個仲介糾纏了許
久。我為什麼會用「糾纏」這兩個字？因為當我已經決定
不再看該區的房子，請他們不要再繼續打電話給我後，沒
想到電話號碼居然還會被流傳到總公司，後來不同分區的
人每週末固定報到，「關先生，請問還有看房需求嗎？」
直到我最後下載了來電顯示 APP，才過濾了這些熱情電話。

　　畢竟買房這種終身大事，有時候還是要尋求一些神祕

力量，像是幾乎不太算命的我，在買房這條路上，就常常詢問一些有能量的老師，他們總能給予我一些指點，也特別提點如果有怎樣的房屋需求，應該要找哪幾區的房子可能會比較適合我。

其實每次逛購屋網站都會逛到心很累，因為太漂亮的房子價格太高、價格太親民的房子又不滿意，只好逛了又逛、開了又關。最後因為工作比較忙碌，我把看房頻率拉長成兩週看一次，至少這件事不能中斷，就算沒有買到房子，也要練習如何看房子。

後來從習慣的生活圈重新開始看房，從網路上隨意找了個面善的房仲聯繫，看能不能去看那間熟悉區域的房子，沒想到這次去看房意外被認了出來，當然有時候不見得是件好事，畢竟這行水很深，我可能會是房仲眼中的「大肥羊」，但也有可能獲得比較好談價格的空間。

有次看完一間樓中樓夾層後不甚滿意，但因為這位女房仲非常誠懇，也沒有多做推銷，我浮現一個念頭，感覺這位小姐就是我買房路上的貴人，我有感應到！

「我可以去你們店裡坐坐嗎？在附近嗎？」我鼓起勇氣詢問。

「好啊！就前面兩個巷子右轉那邊。」

「是馬路上那個××房屋嗎？」

「是的，我再去公司找一些未上網登錄的物件給你看。」

「謝謝你，希望你可以幫我介紹到好的物件。」

後來在這位小姐的細心介紹下，我才發現找到一位貼心的房仲，是很不容易的事，因為許多房仲都急著成交、要你下斡旋金，很多時候會「藏拙」，等到交屋以後你才會發現屋況問題。而在中古屋的市場裡，合約只要寫了一條「現況交屋」，即便請了驗屋公司來驗屋，也仍然會有百密一疏，所以找對房仲很重要。

「因為我們不是大型連鎖，抽佣也比較有彈性。」她告訴我。

「可是我想看網路上別家的怎辦？」

「我一樣也可以幫你聯絡，我會跟對方房仲喬好。」

「還有這種服務？」

我接著貼了一大堆在購屋網站上看到的連結給她，她

也貼心了解我的工作性質，所以會把同區域的房子排在同一天，一個假日安排好幾間。我就這樣看了又看、選了又選，看過很臭很髒的二手屋，也有高級明亮的信義區、豪華社區的新成屋，什麼房子都看了好幾輪，其實越看越覺得頭好痛，真難！

　　請所有正在看房的朋友一定要注意，**無論喜歡一間房子與否，請務必表現出「很冷靜」的樣子，不然房仲會把火力開到最強**，不斷推銷，甚至當天可以約屋主出來聊，把握你最「衝動」的時候，畢竟一間房子動輒上千萬，最後你後悔也都來不及了。

 理財班主任金語錄　　　　　　　　　　‧‧‧

> $ 許多房仲都急著成交，要你下斡旋金，很多時候會藏拙，等到交屋以後你才會發現屋況問題。
>
> $ 無論喜歡一間房子與否，請務必表現出很冷靜的樣子，不然房仲會把火力開到最強，不斷推銷。

哪些房仲假故事，聽了不能走心？

　　股市有句名言：**「好的老師帶你上天堂，壞的老師帶你住套房。」** 其實套用在房市上好像也不為過，因為很多資深房仲真的很像是在參加「說故事大賽」，或是為了上通告掰故事的通告藝人，口袋永遠有一百種故事的版本，當你隨口問起，他們就會隨便掰一個理由。以下就是我幾次神奇的看房經驗。

看房經驗 A：

　　第一次在萬華看到一間位在不錯的社區，開價也不會太貴，只是格局沒有超級方正，所以隔間需要重新整理，我本來想說追問看看，房仲立刻用他的三寸不爛之舌，掰了一串故事……

　　「其實屋主已經回高雄了，這裡是以前他們來台北做生意買的房子，如果你有興趣的話，屋主說今天可以為你來台北聊聊價格，如果你點頭，他就要上來了！」

當下想說，「也太緊張了吧！」我才沒看幾間房子，真的就這樣找到我的命定新家？朋友都勸我，**「是你的就是你的，不是你的就不是！」**買房子絕對不能衝動，於是我拖了好幾天才回覆，屋主也沒有急著脫手，我就繼續看其他物件，再考慮看看。

看房經驗 B：

這次是看剛蓋好的新成屋，大部分的高樓層、邊間都已經在預售屋時賣得差不多了，現在只剩下一、兩間售價較高的大坪數，但我明明在網站看到另外一間房子，於是我問了一下代銷，代銷竟然跟我說，「屋主很難搞！所以賣不掉！」

這裡解釋一下「房仲」和「代銷」這兩種職業的身分差異，房仲主要是在二手市場配對中古屋，代銷則是負責銷售預售屋、新成屋，當該建案銷售完畢，代銷就會轉移到下一個新物件，開始新的銷售旅程。

後來代銷一副特別法外開恩的樣子，「不然我帶你去看看四樓樣品屋，如果你喜歡的話，傢俱也可以直接給你！」我一進去以後，確實被豪宅般的裝潢給嚇到了，如果這裡是我家，一定會非常舒服！

可惜接著往裡面走，才發現整個樣品屋只有主臥室一個窗戶，甚至推開還是隔壁人家的牆壁，也就是別人說「借醬油」的格局。另外陽台則是社區的小小中庭，可能曬衣服就會被大家看光，一點隱私都沒有。

當時代銷仍然不放棄，不斷告訴我，「現在人都很少開窗，空氣也能用全熱交換機和循環扇取代！」還好我最後越想越不對，覺得如果沒有大採光和窗戶的房子，住久了應該會影響到身心靈健康，更不用談如果要轉手可能會更難了！

看房經驗 C：

一打開門滿滿的臭味，兩間房間窗簾緊閉、堆滿雜物，客廳不僅沒有採光，中間還有一個超大的佛堂，室內充斥燒香拜佛的味道。踏進去的時候，竟然還從旁邊跑出來一隻狗，我真的差點沒嚇出半條命！

而且這樣的物件，居然是落在台北市基隆路、光復南路如此精華的地段，牆壁都快要被香燒到黃掉。這次很難得，房仲人員也沒有特別說些什麼故事，可能自己看到這樣的房子，故事也臨時生不出來了？

其實以上真的只是眾多看房經驗中的冰山一角。我不敢說自己經驗很豐富，但看房這件事真的是邊看邊學，以前自己很多不在意的事，看久了反而也會重新開始思考，這間房子真的會住一輩子嗎？我會考慮轉手嗎？

因為很多人買了第一間房子後，就一定會開始買第二間、第三間，即便一開始你覺得房價很高，一輩子可能買這一間住到老，你也可能會因為其他原因改變想法，所以話真的不能先說死。

如果你抱持著永遠不換房的心情，你可能會花過多的裝潢費用，最後即便房屋增值轉手，你成功轉賣後也完全沒賺到錢，隨著市場通貨膨脹，轉賣後進來的新資金又買不起新房子，最後就會意外兩頭空。

我們常常會聽到「買小換大」，這是真的！先從現在開始累積自己看房的經驗，以身旁朋友的案例來說，通常從開始看房到下定決心，平均需要十個月到一年的時間，除非是趕著結婚、搬家的則是例外，這種衝動型購屋，很多時候後悔也都只能怪自己。

理財班主任金語錄

・・・

$ 好的老師帶你上天堂，壞的老師帶你住套房。

$ 是你的就是你的，不是你的就不是！

「地上權」和「工業用地」低總價要注意

這幾年多了很多新玩法，甚至如果我們對房地產不熟悉，可能會被話術唬得一愣一愣，尤其當你逛房屋網站逛到一半，突然看見幾個總價相對低的物件，你會很驚訝也會很衝動，但是網站上的備註你看清楚了嗎？這間房子背後的資訊你看清楚了嗎？

1. 地上權

先跟大家介紹關於「地上權」建案。對我來說「地上權」沒有絕對的好與壞，但如果以「轉賣投資」角度來下手，基本上比較不建議購入地上權的房子；但如果是自住、租人就完全沒有問題。

什麼是地上權？你只有「使用土地」的權利，但沒有其「土地所有權」，也就是你只擁有建物的使用權利，白話翻譯可以說是「跟政府租借房子」，而效期大約是五十到七十年，期滿後土地使用權歸回政府，如果他們必須蓋

醫院或其他用途，則房屋也就使用結束。

我記得看過一間地上權的房子，當時也覺得沒什麼問題，反正我現在 30 歲，如果可以使用七十年，那我 100 歲住到老也差不多過世了。但是我追問了房仲幾個問題：

「如果我 100 歲還很健康沒死呢？」

「那你可以上街遊行抗議，把房子要回來！」房仲說。

「一定要這麼激烈？」

「或是如果政府沒有要徵收土地，就有機會延長年限！」

「這些都是未知數對嗎？」

「是的，但房屋總價可能會是市面上的一半左右。」

很多人問過我是否推薦地上權的房子？其實我沒有太多正反意見，只是覺得在購買前一定要審慎思考，因為總價低、入手容易，會吸引很多小資族、新婚家庭購入，用比較低的價格享受新屋的快樂，確實是讓很多人更容易入手人生的第一間房子。

首先，你必須認清一件事，地上權的房子比較不會增值，二手轉賣也有難度，因為銀行方不見得會允許高成數

的貸款。那你可能會問，怎樣的地上權很值得買？地段好的！如果座落在非常熱鬧且方便的地方，地上權的房子絕對可以買來租人，因為不用擔心花時間找租客，七十年長期租下來應該也是一個滿划算的投資。

2. 工業用地

　　還記得前幾年很流行在宜蘭蓋民宿嗎？我也曾經很好奇，為什麼一大片農地裡居然只有一棟民宿，以商人的思維不是應該要「蓋好蓋滿」，才能讓商業價值發揮到最大嗎？後來才知道原來很多民宿都是非法的，以「農舍」的名義去蓋房子，等建照通過了以後，變成「一大間」房子經營民宿。

　　這時我們才知道原來「土地用途」很重要，難怪許多房仲都會在看屋前跟你說清楚這是「第幾類用地」，例如這裡是商業區，就不能蓋紡織廠；如果是住宅區，當然就不可能變成一整棟商辦大樓。

　　尤其過去我們很常聽到的「住辦混合大樓」，就算你能忍受進出較複雜，但住裡面合法嗎？可能在買之前，房仲會告訴你，這層樓屬於「住家用」或「一般事務所」。如果你硬買「事務所」樓層，改裝成自己的住家，要是沒

被抓到，可能就安穩住下去；但如果被有心人士檢舉，也是個處理不完的難題。

像是這幾年討論很熱烈的「工業用地」，在廣告時他們會主打「買一間工作室」，交屋的方式則是毛胚屋，裡面完全沒有隔間和裝潢，即便建商用許多「文字遊戲」推廣，但你可能就必須自己負責在購買後遇到的問題。

例如「工業用地」在銀行申請貸款上相對困難，因為無法以自住申請，甚至有些銀行會直接不認列貸款，未來還有被檢舉的風險，算是遊走在法律邊緣的工業用地，基本上非常不推薦，真的不如考慮地上權的方案。

如何確認使用執照？

購買預售屋	跟代銷索取建照，檢查建物使用用途。
購買中古屋	跟房仲索取建物謄本、使用執照確認是否為住家用、集合住宅。

在買房子之前，千萬不要看到「低總價」就興奮到不行，背後什麼資料都沒看清楚。你可能會說，反正很多人都這樣買，也是住得好好的。沒問題！只要你願意承擔「背後風險」，**願意為自己的決定負責，那就當然沒問題。**

下了 10 萬斡旋金仍破局，結局大逆轉？

　　這段看房的日子可以說是東奔西跑，從松山區看到中山區，有時候夏天還沒冷氣，每一間都熱得要命，還想要順便爬上頂樓看看公設，每看完一間就不斷冒汗，最後還跑去吃冰才能消暑。但你們一定要相信，房子的緣分是很深奧的一件事。

　　還記得我第一次遇到那位令我信任的房仲，她不斷跟我重複推薦某一條巷子的房子，我當時堅決反對，「那邊離捷運站不近、感覺也不太方便！」後來不知道被哪個朋友突然打醒了，「你現在也比較少搭捷運了呀！」沒想到後來去問了算命老師，老師竟然說，「這一區的房子超級適合你！」繞了一大圈，我最後決定聽聽這位房仲的意見，又回頭來看這一區的房子了。

　　看房絕對要白天看、晚上看、晴天看、雨天看、平日看、週末看，這樣才能看得出有沒有漏水、西曬、出入複雜等你擔心的問題，甚至喜歡的物件連續看超過三次都不

為過，畢竟這種買房幾千萬的大事，真的要小心小心再小心。

我最後鎖定某一間物件後下了斡旋金，所謂斡旋金就是押金，基本行情是 10 萬元，也就是說仲介收到 10 萬元後，就會代表買方去跟賣方談價錢，如果雙方有意願聊聊，就會約到房仲公司的會議室坐下議價。

這個議價方式「很特別」，雙方不會在同一個房間，而是分開在兩間會議室裡，由房仲分別關心兩位的意願，同時也聽聽他們如何說故事說服彼此各自退讓一點價格，如果雙方有意願成交，就會安排在同一間簽約。

沒買過房子的我，在某個週末找了朋友陪我去議價，沒想到就這樣來來回回了三個多小時，最後仍然破局，屋主完全不願意退讓，我甚至說出「那我不要買車位！」、「我是年輕人，家裡還要拿錢幫忙付頭期。」屋主雖然鬆動了一點點價格，但仍然和我期望的金額差距太大，最後我就放棄了，我想可能是老天爺認為，這房子跟我緣分不夠吧！

就當我傷心地回家時，我的房仲像個小仙女般地居然捎來好消息，「關關，我重新上網找了同一棟大樓的房子，沒想到一樣邊間的樓上釋出一個空屋欸！」我真的太

震驚了，看這間房子看了這麼久，怎麼不知道樓上還有一間出售中房子呢？甚至比原本斡旋議價的標的物直接便宜200萬。

聯繫上另外一間屋主以後，才知道原來是其他間房仲合約即將到期，剩下不到七天的時間，於是該房仲就打算用最便宜的價格直接丟上網，看能不能夠把握到最後幾天的機會賺一波！

過了一週，我去看了該物件，沒想到真的跟樓下格局差不多，當然還有一些些微差異，但無傷大雅，就立刻約了屋主出來談價格，最後竟然以彼此都能接受的價格成交了。

這一個月的心情可以說是搭雲霄飛車，本來以為要跟想買的房子擦身而過了，誰知道同個地理位置的上方居然還有一戶，讓我獲得這樣的意外驚喜，順利買到了人生第一間房子。當代書在小房間喊出「賀成交！」時，我默默流下了兩滴淚，覺得自己真的長大了。

以前覺得不可能的事情，都這樣一步一步慢慢做到了，從很陌生看房、很害怕談斡旋，到現在反而完全不緊張，更享受每一次的談判。不論成功與否，我都當成是老天爺給我的指示，畢竟買房子這件事情真的很看緣分，每

一個人的預算、用途、規畫都不一樣,誰知道別人的毒藥會不會是我的蜜糖呢?

在 29 歲的最後四個月,我成了有一間台北市房子的人,很低調地讓自己的人生默默推進了一步,也很開心跟身旁的朋友分享這樣的喜悅,我要開始打造屬於自己的新生活了!

在這裡,也很想要提醒大家,一定要記得找「驗屋公司」,因為你一個人去看房子交屋,絕對找不到哪裡漏水、哪裡地板凸起。交給專業的驗屋公司,才能夠幫你找到房子的問題,或許能再降低一些售價,或是請屋主把部分修繕後再進行交屋撥款,才不會讓自己的權益睡著了。

房貸路上，我犯了兩個大錯！

　　簽約成交以後，沒想到才是一路辛苦的開始，因為從來沒有申請房貸經驗的我，開始四處奔波去不同的銀行，看能不能問到最高的成數、最長的年限，希望可以找到新的辦法，才能夠降低自己頭期款的負擔。

　　過去在影片裡常常採訪許多朋友，他們也分享申請貸款的辛苦，例如只是男女朋友，還不是夫妻關係，要向銀行說明這個房子是一起買的，每個月會共同償還多少錢，讓銀行相信你以後，才有機會貸款成功。

　　當然，如果你任職的公司招牌越大，越有機會獲得銀行的信任，像是電視台、媒體公司、航空公司、半導體公司、食品公司之類，只要是「鼎鼎大名」的牌子，一講出來大家都聽過的，這時候就相對比較不會被刁難和追問。

　　在申請貸款的過程中，我遇到了很多問題，因為我三年前從新媒體公司離職，自己成立工作室以後，一直都是「非固定薪水」，有時候有現金收入、有時候則是好幾個

月才有一張支票，這些都不足以證明我的「固定月收」，後來行員提醒我有不同的方法：可以用所有的「財力證明」提出申請。

我問了三、四家銀行，決定雙管齊下都試試看。這邊也很建議大家不要只賭一家！因為你送件申請以後，等到銀行審核下來的時間大約要一、兩週，如果金額不符合你的期待，最後你反而因為繳款日期到了，被迫選了一個沒有這麼好的方案，你可能會因此後悔十年、二十年。

雖然能夠同時申請，但建議也不要超過三家，因為銀行端會去拉聯合徵信系統，也就是我們很常聽到的「拉聯徵」，因為一次一兩家拉聯徵可以被解讀為「貸款比價」，但如果拉聯徵次數過高，會被判定為「很常有借貸需求」而影響信用分數。

聯徵內容就包含我們印象中的：繳款紀錄、借款記錄、信用卡紀錄，他們會綜合評估你有沒有能力還款，而你也可以依據各家評估下來的條件選擇貸款的對象。

像當時我申請了不同家銀行，有一家居然規定，戶頭的餘額要先扣除頭期款，剩下的金額才能認列「財力」。這對我來說根本就是天方夜譚，如果我都已經把所有積蓄拿去買房了，我扣除頭期款還有這麼多錢的話，那我幹嘛

不買更好的房子？

部分銀行為了更吸引民眾，也會推出「裝潢貸款」，讓你跟房貸一起申請，另外多借個 200 到 300 萬出來，同樣能夠提供寬限期，減輕許多首購族的壓力，購入新房比較沒有負擔、又能夠打造自己理想中的家。

最常有人問到寬限期如何選擇？所謂寬限期就是只要償還利息，不用償還本金加利息，通常寬限期最多可以到三年，讓你一開始把手上多餘的錢拿去添購傢俱、家電，也有許多年輕人選擇「牙一咬」不要寬限期，直接提前開始還款。

如果你現在問我要還是不要寬限期，我的選擇是「越長越好！」，理由如下：

1. **可以把手邊現有的資金拿去裝潢房子。**
2. **把提前繳款的錢拿去做更有效益的投資。**
3. **如果是以小換大的買主，可以減輕兩邊交屋的負擔。**
4. **請永遠記得，手邊的現金不能玩樂花掉，要拿去投資！**

以前對於「利息」並不是如此有概念，在這條路上我也犯了兩個大錯，我至今也是有一點小後悔，如果我可以提早具備「理財概念」，我可能會重新做決定。

1. 我一定會申請裝潢貸款：

當時花了上百萬在裝潢，而且大部分的費用都只能用現金支付，也不能刷卡賺點數，當時一直想著「不要再貸款了！」後來才明白，原來適當的理財配置，其實才是更有效益的事，現在想要回去補申請裝潢貸款，都已經來不及了！

2. 我不會提早還款：

一開始有了利息概念，當時還未升息的房貸大約1.3%，但我想著市面上活存利息最高的網銀，最多也只有1.1% 利息，錢不管怎麼樣存在外面都不划算，所以我每個月只要有結餘，就會打電話給銀行提早還款。

後來我上網看了許多專家和業界前輩的意見，才理解比起在這裡無腦償還貸款，我應該要把手邊的錢拿去做更多有意義的理財配置，因為就算每個月多還幾萬元，雖然本金有降低，但是攤下來真的沒差多少。

舉個例：

A.有對小夫妻買了新房後，老公瘋狂加班、生活品質下降，就只是為了把三十年的貸款，變成二十七年還完。

B.有對小夫妻買了新房後，好好利用寬限期和房貸，拿去買穩健配息的股票，把生活過得更聰明更有質感，貸款一樣三十年還完。

以上兩個案例，你選哪一個？我選 B！**不用擔心貸款還不完，銀行都相信你可以還完了，那你還在怕什麼？**確實我們以前真的很害怕，覺得身上一直背負貸款的壓力和負擔，但其實好好規畫手邊的財產，就能夠妥善運用。

說實話，我到現在都還在後悔當時提早還款，以及沒有申請裝潢貸款，雖然我不是數學家，但我知道如果手邊還有多的錢，一定可以拿去做更好的配置跟利用。我希望可以把這樣的經驗分享給大家，手上有錢的人最大！

你可能會想，「有錢就快點還錢，不要欠錢！」如果你一直抱著這樣的想法，可能很難有機會致富，最多只能活得剛剛好而已，因為你一定聽過一句話，「**有錢人都到處欠錢的！**」

買了第一間，就會想要買第二間、第三間

　　在買房一年後，我住在新家，感受到無比的溫暖。還記得我有一天躺在剛裝潢好的地板上，聽著我當時即將發行的歌曲《一加一大於二》，不小心落淚，原來所有事情都是可以靠自己努力來的，至少我送給自己的 30 歲禮物，真的讓我很滿足。

　　從來沒有大張旗鼓跟許多朋友分享「買房」的事，畢竟我認為這是自己的理財操作，我也是深思熟慮後才決定開始投資這件事，因為我相信有一天房子會增值、有一天可以因此賺到差價，當然我現在也可以住得更有品質。

　　我開始練習一個人的生活，可惜廚房沒有選大一些，不知道自己這麼愛煮。搬離我住了三十年的老家，雖然其實只是在附近而已，但有一種感覺「天啊！關韶文真的長大了！」要開始自己打掃、繳水電、殺蟑螂、換燈泡……

　　有一天我邀請朋友來玩，喝了幾杯酒以後，朋友開始滔滔不絕說起他的「買房經」，他深信每個人只要買了第

一間房子，就會開始想要買第二間、第三間，並且貸款能越不急著還越好。

　　「我有錢不用先提早還錢？」我問。
　　「真的不用，有錢拿去買第二間房子！」
　　「可是我沒有這麼有錢啊！」
　　「你可以增貸！」
　　「什麼意思？」
　　「去問銀行，這房子增值了沒，加上你多還的錢，可以借出來！」
　　「不可能吧！這什麼招數？」
　　「沒有啦！大部分的人真的都這樣做。」

　　當晚，我真的大開眼界，整個人酒都醒了！我隔天早上立刻打去問銀行，「有沒有機會可以增貸？」居然還真的可以，雖然不是什麼大數目，但是借出來的金額加上我手邊的現金，確實有可能成為第二間房子的頭期款。

　　「可是我買了以後，怎麼還房貸？」我繼續問朋友。
　　「你不用急著還啊！」

「我知道有寬限期呀，但過了以後呢？」

「不是啦！你租出去，叫房客幫你還呀！」

「這就是我們以前最常聽到的，叫房客還房貸嗎？」

「對呀！新聞都是這樣寫的！」

「所以房租抵掉房貸，我就可以只繳增貸！」

「沒錯！」

　　我真心太震撼了，原來真的要經過精密的計算和考量，也同時要思考自己的收入來源是否穩定，確實可以開不同的槓桿去做投資，如果手邊有多餘的資金，當然可以考量買基金、股票、ETF，當然也可以投入房地產。

　　我個人其實非常建議投資房地產，即便這幾年嚴重打房、央行升息，但是目前為止都還不到 2% 以上，除非未來房貸回到 3% 以上，才有可能造成投資人相對大的負擔，不然其實都是一筆很划算的交易。當然，你必須要有自住房，不論你是住在家裡或買房都好，有了自己住的房子，才來考慮第二間投資房。

投資房產有以下好處：

1. **房地合一稅上路，前幾年轉手稅金較高，建議先租人賺租金。**
2. **待房地產增值後，可考慮轉手賺差價，再投入新的物件。**

過了大約一年，我又開始我的看房旅程，終於找到了有興趣的物件，直接下手，這次就是一回生二回熟了，因為也沒有打算自住，如果價格談不攏就作罷，最後順利成交，我居然有了兩間房子！

無奈在交屋的那一天，原本的房客選擇退租，後來碰上疫情變得嚴重，這屋子就這樣空了好幾個月，當然我等於也白白損失了幾個月的租金。事情真的沒有想像中的容易，過了一段時間才順利又租出去，價格也沒有期望中的漂亮，但至少可以 cover 新屋本身的貸款，而原本的增貸就必須靠我自己再想辦法繳完。

我一點都不後悔我的決定，雖然這段時間辛苦又焦慮，但我成功在 30 歲這一年完成了我期待的「被動收入」，即便現在也沒有賺到什麼大錢，頂多可以說是跟房貸相抵，但我知道，我在做一件很有意義的事！

這一路上我都在跌跌撞撞的學經驗，身邊沒有成功的案例可以參考，都是從網路上、書籍中學到的，也好幾度差點被騙，幸好最後都還能懸崖勒馬。從來不覺得自己很聰明，但透過這些理財經驗，真的學到好多，我告訴自己，「**手上現金真的不要浪費，一定要拿去做更有效的配置！**」

同時也要提醒各位，如果也打算這樣操作的人，手邊的現金不能花掉去買奢侈品或娛樂，因為**這些「借出來的錢」如果沒有辦法變多，你不如拿去先還掉！**

最後話鋒一轉，真的非常建議各位在結婚前先買房，不論你是男人、女人，因為**「婚前的財產是屬於自己的，婚後的財產是共有制！」**畢竟天有不測風雲，也不知道一段婚姻能否走得長久，這條路上的風險控管也要有，先有自己的房子再結婚也不吃虧！

理財班主任金語錄

•••

$ 如果你一直抱著「有錢就快點還錢，不要欠
　錢！」的想法，可能很難有機會致富，最多只
　能活得剛剛好而已。

$ 手上現金真的不要浪費，一定要拿去做更有效
　的配置！

$ 這些「借出來的錢」如果沒有辦法變多，你不
　如拿去先還掉！

$ 婚前的財產是屬於自己的，婚後的財產是共有
　制！

ethan_kuan_kuan

Chapter **7**

我要當老闆！開創自己的事業怎麼做？

你把工作當成「職業」
還是「事業」？

　　「要不要在巷口開個小店賣蔥抓餅？」、「過幾年就自己出來創業吧！」、「不想被人家管就自己當老闆看看。」以前我們超常聽別人說，不然以後就自己創業看看吧！從小我就想：「創業哪有這麼容易啊！」何況我根本不想要創業。

　　從出社會以來，我就一直告訴自己，要當一個好的員工，反正至少天塌下來了還有主管在背後撐腰，出了什麼事也不用自己扛，甚至我只希望做好手上的事情就好。

　　記得在擔任記者的日子裡很常被問：「要不要升官？」我最常回答：「如果可以只加薪，不要管理職，我願意！」因為我認為，做好一個主管跟做一名很強的員工，是很衝突的，當你把時間和能力運用在管理上，勢必會分散掉在工作上好好表現的強大火力。

　　隨著時代的改變，我認為傳統媒體平台影響力有限，所謂有限不是因為公司流量變低，而是因為現在的頻道太

讓人眼花撩亂了，分散了每個人的時間。以前吃飯時間大家都會打開新聞台，而現在人手一機，各滑各的影片；在很多小吃店也都能看到情侶對坐吃飯，完全不發一語，一人打著電話、一人看著 YouTube 沉浸在自己的世界裡狂笑著。

大家應該很難想像，每當歌手、演員宣傳期，我們身為娛樂記者總會接到各種窗口的電話，希望能夠安排專訪、上直播節目，各種大大小小的宣傳，甚至在新媒體的全盛時期，我們還可以決定「大咖才能來！」

到了某一段日子，開始沒這麼容易敲到來賓，甚至打電話問誰誰誰能不能來上通告時，總是得到很官方的答案，「這次我們家藝人檔期不行哦！」、「我們宣傳期這次比較沒有安排走宣傳哦！」結果過兩天就看到，他們上了某某網紅的頻道、跑去跟某某 YouTuber 合作，那時候我開始內心覺得不對勁，是不是該做一些改變？

雖然記者是一份「職業」，但我一直是用「事業」的心情看待，我希望這件事情能夠永續、並且使我能維持溫飽，也就是要透過做自己喜歡的事情賺到錢，所以我必須找到新的方法，才能在自己喜歡的環境下繼續工作。

我開始想，如果我試著成立自己的頻道，有沒有可能有希望？成立一個頻道需要什麼？我必須準備什麼？於是我透過工作的關係，開始邀約一些有做頻道的藝人、YouTuber專訪，報導他們的同時，自己也透過專訪取經，學習他們在工作上的寶貴經驗。

在開始學習新的事物前，我總會幫自己安排一些規畫：

1.找三個業界前輩吃飯討教意見

2.找三位參考對象聊聊詢問

3.找三位毫無利益關係的好友彼此分享

大家出了社會以後，一定會明顯感受到，只要是工作，彼此之間一定多少都會有「利益衝突」，舉例來說，可能很多唱片圈的人不希望我離職，因為這樣他們就要重新認識記者、重新培養人脈。所以當你問錯了人，得到的答案可能是「不支持！」

另外，你想要開創的新事業，在現在的業界裡算是領先一步？還是在追別人的車尾燈？這就必須找業界前輩好好聊聊，參考他們的意見，同時也要找自己心目中的「典

範」聊聊，吸取他們跨出舒適圈的心得。

　　如果在你的工作環境裡，沒有這麼容易找到人「聊聊」，那至少看書吧！對我來說，最快的方式就是找「成功人士的報導」，許多財經雜誌會有成功人物訪問，那些寶貴經驗對我們來說都很重要！

　　也同時反問自己，你認為「職業」跟「事業」的差別在哪？你是想要找一份可以有固定收入的職業，還是願意無時無刻把時間奉獻給你的事業呢？相信你心裡已經有了答案。

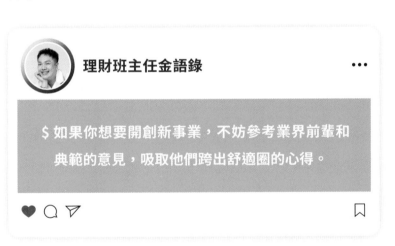

理財班主任金語錄

$ 如果你想要開創新事業，不妨參考業界前輩和典範的意見，吸取他們跨出舒適圈的心得。

如何讓自己的工作「劃清界線」？

　　我是一個很害怕得罪人的人，因為在一個人多嘴雜的辦公室裡，就算你做得再好，也是會有人說你閒話。而且身處東方人的職場環境，我們真的很容易被這種無中生有的閒話打倒，讓自己信心全無，失去了追求目標的勇氣。

　　在我開始決定斜槓 YouTube 事業時，其實我很明白有些事必須「劃清界線」，因為模糊不清當然有模糊不清的好處，但如果過程中不小心拿捏失當，可能一失足就成了千古恨，反而沒辦法安全脫身。

　　當我設定「離職門檻」目標以後，我告訴自己「一年後要離職」，並且是漂亮地離職。因為當你在公司扮演一定的要角時，要離職難免會尷尬，更不用想其他人在背後到底怎麼說你，而我又不是那種「現在說離職就離職」的衝動性格，因為在工作這個領域裡，我很需要安全感，於是我幫自己設定目標、離職倒數計畫：

1. 工作和兼職絕對要劃清界線

2. 上班時間不做兼職的事

3. 公司安排的外務也在休假執行

開立自己的頻道以後，一開始很多藝人朋友紛紛主動報名，我本來也想說，如果可以藉由知名度高的藝人帶來流量，對新頻道來說也是很不錯的事。但後來轉念想想，這是正職工作帶給我的人脈，我如果一直把影片做在自己的頻道裡，最後可能會出事，於是我決定劃清界線！

一開始我設定，自己的頻道不拍和「明星」有關的題材，所以我從職業訪談、生活理財、減肥運動等比較生活化的面向下手，也希望透過比較真實的分享，讓大家更認識「關韶文」的不同面向。

頻道開始有人關注之後，公司業務部把腦筋動到我頭上，開始希望可以藉由我的流量和人氣，替公司拿下更多案子，並給我一些額外車馬費，一開始我爽快答應了！

但我總覺得哪裡不對，這是上班時間耶！我太怕被人家說閒話了！於是後來公司請我協助執行的業務案，我都用「休假、請時數」的方式執行，而原本記者份內的工作，一份工作都不能少做，甚至我告訴自己，每一天寫稿

的數量還要比別人多，這樣才能心安理得去協助業務部同事專案。

當我自己劃分清楚工作與兼職的界線以後，心情變得很輕鬆，再也不用去擔心誰覺得我在賺外快、上班時間做別的事。因為我沒有在上班時間進行，而且我在原本的工作上做得比別人更好、更多，這樣就沒有人可說話了。

畢竟我身為娛樂記者，早就寫過很多藝人和公司鬧翻，或是 YouTuber 和經紀公司合約不清楚的新聞，這些糾紛結果幾乎都是對簿公堂，甚至離開的 KOL 本人也會選擇放棄頻道，可是頻道對公司來說也已經沒有任何意義了。

所以在我選擇開始「斜槓」前，先劃分清楚的界線，這樣當我用盡全力衝刺時，就不害怕有人扯我後腿。

每一個人的工作環境不同，或許你不會遇到這樣的困擾，但是當你工作以外的事情「發展太順利」，或是業內事情不小心出了一個差錯，就一定會有人跳出來說，「那就是因為他在外面怎樣怎樣……」

為了讓自己能全力衝刺兩份「事業」，**把自己人生的規則訂清楚，才能勇往直前！**

跨出舒適圈的勇氣，是誰給你的？

　　在自媒體興起的日子裡，圈內的朋友總會開玩笑說，「關韶文，你很適合離職！」、「等你離職後我們什麼 case 都發給你呀！」我一律都當成客套話，因為我其實很享受當別人員工的日子，從來沒有想過人生有一天要當自己的老闆，從來沒有！

　　這時我遇見了我的第一任經紀人，如果要在我的人生選一位貴人，應該非她莫屬。在我完全不相信自己有機會可以做到時，生命裡居然出現了一位「比你還相信你自己的人」，讓我好幾次不禁問自己，「我哪有你說得這麼好！」

　　我想說反正見見面也不吃虧，於是透過朋友介紹後，跟這位小姐姐約了碰面。

　　「關，你要不要離職？」她這樣問我。

　　「我不敢！我現在做得好好的！」

　　「但是我可以幫你賺錢！」

　　「怎麼賺？」

「讓你繼續做喜歡的事情，並且賺到更多的錢！」

雖然我一開始有點害怕，覺得這人跟我素昧平生，就這樣出現在我的生命裡，一定是有什麼意圖。我們最後達到共識，先給我一些時間好好努力，我願意雙管齊下，把時間平均分配給這兩份工作：記者正職、YouTuber 兼職，如果達到了目標，我就願意離職！

當時我在我心中設下了兩個門檻：

1.YouTube 頻道達到 10 萬訂閱
2. 業外收入「連續」超過本業收入三個月

畢竟我也害怕，如果我就這樣跨出了舒適圈，原本擔任記者所累積的人脈，就瞬間歸零，甚至連最基本的底薪都沒有了，一定會很緊張、很焦慮。所以我幫自己設定目標，如果可以，我們就這樣出發。

我記得剛開始我的電腦只能「寫稿」，畢竟我身為娛樂記者，只需要最基本的文書處理。當我正嚷嚷著需要一台可以「剪片」的電腦時，沒想到過了一天，經紀人居然開車來到我家樓下，完全不懂電腦的她幫我問了好幾家公司，配了一台跑得動剪接軟體的電腦送來，有夠感動！

於是我和經紀人開始以兼職的模式配合，這樣的日子當然很辛苦，我每天下班後都在拍片、剪片，甚至在邀約不同的合作對象，努力讓自己的每一支影片有更多曝光的機會。

在那一年的日子裡，我幾乎完全沒有存下錢，因為我還有正職工作，不可能每支片都靠自己一口氣剪到完，於是我把記者工作的薪水，都拿去給外包接案的剪接師。從來沒有想過，如此愛存錢的我，戶頭可以「零成長一年」！

雖然收入數字沒有成長，但我並不害怕，因為我很清楚自己的目標，我知道現在當務之急就是「衝訂閱」，趁著現在市場還能卡位的時候，就要做出一點點小成績，至於賺錢？那是未來的事！

我認為想要把「職業」變成「事業」的關鍵在於：永續，你要確定這是你喜歡的事情，並且變成了事業就不會容易疲乏，才有機會讓自己把喜歡的事情變成工作。

雖然常在網路上看到許多人探討「離開舒適圈」這件事，其實我並不特別鼓勵一定要走出舒適圈，因為一直待在舒適圈，本來就沒有什麼不好的！重點在於，你現在的工作能不能使你有成就感？能不能讓你溫飽？能不能讓你感覺到有未來？請好好檢視這件事，不用一味盲目跟隨別

人離開舒適圈。

在我離職以前，身旁也有很多極端的案例，例如離職後專心做自媒體，一夕之間知名度暴漲；也有人渾渾噩噩繞了一大圈，最後回鍋辦公室繼續上班，甚至回鍋的案例真的非常非常多！

如果你問我，什麼契機最適合離職？我的答案是：老天會告訴你！你只要一直很努力好好發展你的事業，時間到了，整個宇宙都會告訴你，「該全力出來衝刺了！」

 理財班主任金語錄　　　　　　　　　…

> $ 想要把「職業」變成「事業」的關鍵，就在於永續，你要確定這是你喜歡的事情，並且變成事業就不會容易疲乏。
> $ 是否離開舒適圈不是重點，重點在於你的工作能不能使你有成就感？能不能使你溫飽？能不能讓你感覺有未來？

從員工變成老闆，
換位置就換腦袋？

　　人生難免會出現一些「黑貴人」，我們不用去感謝他們，但至少可以深刻記住這樣的感覺，**未來當自己有能力以後，絕對不要成為這樣的人**。在成長的過程中，一定有一些「痛」讓你難以忘記，但可能也因為遇過了這樣的「痛」，讓你一夜長大，學習面對前所未見的困難，成為一個全新的自己。

　　其實我本來沒有打算這麼快離職的，因為我很享受記者正職，也很享受我的 YouTuber 兼職。不曉得你們會不會曾經有一種優越感？當你偶爾有一些些業外收入時，你會覺得自己是辦公室最努力的人，但當你離開了這份工作，走到外面的世界以後，你才意識到，自己根本什麼都不是。

　　在我設定的離職目標還未達成前，本來想要繼續斜槓兼職，不過當時公司政策出現了變化，有主管希望可以把我的頻道納入公司管轄，也有主管提出希望我能和公司簽

下經紀約，但這樣的方向跟我「想要好好當記者」的初衷有些衝突，於是在那個瞬間，我就提出了「我要離職！」

雖然看起來我的離職「很衝動」，但其實我一直都走在「準備離職」的路上，畢竟我是一個習慣未雨綢繆的人，這一切來得比我預期的快，但是我並不害怕，我選擇勇敢面對。

過去擔任員工的角色，一下子變成了自己的老闆，起初最慌張的莫過於「找事做」。因為當你打開一整個月的行程表，幾乎沒有工作、空到不行時，真的很難跟家人解釋「我為什麼要離職？」、「我離職後要做什麼？」於是從原本「一週三更」的頻道，我轉型成了「日更型創作者」，決定用黑眼圈來換取更多時間，也期盼自己可以早日達到更高的訂閱數，接到更多商業合作。

在創業初期，我遇到最大的問題就是「稅務」。因為商案並不夠穩定，也不認為有需要成立「工作室」開發票，於是所有案子幾乎都是簽「勞務報酬」。但我明明要把收入分給經紀人、企畫、剪接師，收入卻全掛在我的名下，我只記得那一年繳了好多所得稅！因此我決定好好認識「稅務」。

除了變成「自由接案工作者」外，同時也要開始認識

「稅務」，找了值得信任的會計事務所協助處理，也成立了自己的工作室，才能夠在合法的範圍內節稅，至少所有支出和收入都可以以公司名義登記，也不會陷入**「勞報我在簽，錢給別人賺」**的窘境。這裡也提醒所有要創業的朋友，一定要提前認識「稅務」，以免最後白忙一場，為了多接幾場 case，最後所得稅還升了一個級距！

從員工變成自己的老闆，真的沒有想像中的簡單，許多思考都會從「成本」出發，常常反問自己，「真的有需要花這個錢嗎？」

畢竟這一切來得很突然，我也還在邊學邊做，不過這三年來，我自己找到了答案，**「一定要好好記住那些幫過你的人，等你有能力的時候，就要回報他們！」**

在創業初期，願意用低於市場價格幫我接案的剪接師，我現在幾乎給到了五倍的價格，就是希望他們能繼續為頻道付出；當記者時期，曾經幫我安排過大咖專訪的窗口，現在手上帶了新人想來頻道宣傳，我也絕對張開雙手歡迎。

沒有人永遠高，沒有人永遠低，地球本來就是圓的，只要曾經幫過我的人，我就永遠都不會忘記！

「觀點和衝動」是前進的最大動力

　　你們記得很久以前的「葡式蛋塔」浪潮嗎？當時全台灣瘋開蛋塔店，幾乎每個巷口都有一家連鎖蛋塔店，排隊至少都要排半個小時以上，只要是想賺錢的人、手上有錢的人，都在考慮加盟蛋塔店！結果不到幾個月後，當我再經過那些蛋塔店時，門口招牌已經改成了「頂讓」兩字！

　　過幾年換成知名仙草連鎖店，當時也是夏天大家瘋狂叫外送，都要吃一碗仙草冰沙加上奶球。後來又過了幾年，換成翡翠檸檬冰。連鎖店一旦快速開放加盟，如果基石不夠穩，最後都會泡沫化，掀起一連串的倒閉潮。

　　所以想要做生意、想要發揮創意，真的沒有想像中的簡單！當疫情來臨時，每個人都想要自己的品牌，都想要做電商，都想要出自己的乾拌麵，但如果到最後，都只是固定幾家工廠在換湯不換藥，你覺得民眾吃不出來嗎？

　　做生意實在很不容易，有時候真的不是比誰賺得快，而是比誰賺得久，要如何在自己拿手的領域，慢慢建立自

己的品牌，找到信任你的群眾，這才是最重要的課題。

　　我身邊也會有一群「嚷嚷著想創業」的朋友，他們從20 歲就說想開一家咖啡店，後來去連鎖咖啡廳上班，接著又換了一家連鎖咖啡廳，最後就升上店長，現在每天的工作就是排班表、進貨、盤點。當然店長的薪水不錯，但是對於「想開自己的店」這件事，卻還是沒有任何推進。

　　如果可以，在工作之餘最好去報名一些咖啡課程，更認識咖啡豆、學習創業規畫，甚至在現在政府的補助之下，把握申請更多「創業貸款」的機會，才有可能讓夢想提早實現。

　　以下兩種方向，身為想創業的你，會選擇哪一種？

　　A. 先去大企業學習，賺到 100 萬後，30 歲自己開店。
　　B. 選擇創業貸款，25 歲開始開店，慢慢邊工作邊還貸款。

　　過去的我，一定也會選擇「方案 A」，認為自己要有足夠的「老本」才能應付得了創業的「失敗可能性」。但如果你現在問我，我絕對選 B！只要貸款利息夠低，讓自己的夢想提早實現，把眼界放寬後，很多夢想自然而然就

會完成了。

回到前面提過的創業案例，如果你永遠跟在「別人的後面」走，那你永遠無法賺到大錢，頂多現在進場把剩下的蠅頭小利賺完，甚至可能本金都還沒賺回來，客人就已經吃膩了、用膩了。如果想要擁有自己的事業，必須走在別人前面，相信自己一定可以做到，如果速度不夠快，至少請務必做到「**不做第一，只做唯一！**」

「如果我想要當 YouTuber，還來得及嗎？」現在很多人會問我。

「如果可以，世界上沒有來不及的事！」我可能會這樣說。

「真的嗎？」他們繼續追問。

「但必須明白一件事，現在市場真的很飽和了！」我坦白說。

現在很多位置都已經有人卡位了，有人教英文、有人演戲、有人開箱、有人模仿，不像前幾年自媒體剛興起的時候，只要做得好笑就有流量，現在反而走向更「精緻化」，內容不能輸給電視、畫質更不能輸給微電影。

過去自媒體的門檻很低，可能只要有手機拍片、簡單剪輯就能上傳。但隨著觀眾口味越養越大，現在質感普通

的影片已經無法吸引觀眾留下，也因為選擇變多了，觀眾的時間沒有變多，所以競爭越來越激烈，如果想要進場，真的必須做好萬全的心理準備，才能衝一發！

誰不想要靠自己的能力賺更多的錢？所以我們必須把握「**觀點**」和「**衝動**」，試著去嗅嗅看，你認為哪裡有聞到錢的味道？同時反思自己有沒有能力，把擅長的事情結合趨勢，你就有機會走在別人前面！

 理財班主任金語錄 ・・・

$ 一定要好好記住那些幫過你的人，等你有能力的時候，就要回報他們！

$ 沒有人永遠高，沒有人永遠低，地球本來就是圓的，只要曾經幫過我的人，我就永遠都不會忘記！

$ 不做第一，只做唯一！

有時間沒錢 vs. 有錢沒時間

　　這幾年最流行的理財名詞，莫過於「被動收入」和「提早退休」，可是如何做到真正的提早退休？我們必須做好多少準備，才能去過自己想要的悠閒生活？而你期待的退休生活樣貌是「有錢、有時間」，對吧？

　　我們以前最常聽到的一句俗諺：Time is money.（時間就是金錢）

　　因此，我也很常思考，時間和金錢是不是有一定的「對價關係」？第一次感受到時間可以換取金錢，是大學打工時，我們用「時薪」去計算報酬，所以我很清楚知道自己一個月上幾個小時的班，可以拿到多少薪水。

　　相信每個人一定都經歷過「有時間沒錢」的日子，在這段日子裡，我們會找到很多屬於自己的生存法則，像是用走路取代捷運、去河濱公園慢跑取代健身房運動，因為我們「有時間但沒錢」，必須用更多時間去省下金錢，才能更有效運用手中的每一分錢。

出了社會以後，我進入電視台工作，因為工作時間比較長，甚至有時候責任制日夜顛倒，即便薪水扣完勞健保不到 2 萬 6，但因為完全沒有時間逛街、花錢，反而另類形成了一種「有錢沒時間」。但這跟我在此想聊的概念不太一樣，因為當時的狀態比較像是「沒錢沒時間！」

當你有了錢，第一個面臨的可能是「沒有時間」，因為你會開始計算自己一天只有二十四小時，如果花了八個小時睡覺、八小時上班，那最關鍵的剩下八小時能做什麼事情？

到了剛創業的這幾年，狀態則比較像是真正的「有錢沒時間」，每一天被正職工作占據了十個小時左右，下班後又繼續忙著拍片、企畫、剪片。因為內心有一個目標想要完成，已經不在乎時間如何被使用，只知道自己要把握還能衝的這幾年，至少做出一些成績。

記得在那一段日子，我把自己逼得很慘，參與朋友聚會還會訂鬧鐘，「告訴自己這一局不能參加超過三個小時，因為剩下時間必須回家剪片」，也有可能為了要把影片準時趕上線，家中生活環境早就已經佈滿灰塵，因為我根本沒空打掃！

因為工作在生活中的比重開始變重，我開始會思考，

是不是要搭計程車取代捷運、請人打掃取代自己打掃，要計算生活中的每一個「機會成本」，把時間拿去做更有意義的事，因為手上的時間真的太珍貴了。

從「有時間沒錢」到「有錢沒時間」，我相信這是一個成長的過程，就像很多偶像劇裡的企業家，連自己等一下要跟誰吃飯都不知道，必須仰賴秘書安排行程，才能抽空完成自己的私事，因為他們已經忙到需要秘書分配好每件事的時間。

在「金錢」和「時間」的分配中，我們也練習找到平衡，當你正在邁向成功之路時，容我提醒，不要忘了休息，因為健康才是最大的財富！

 理財班主任金語錄 ···

> $ 當我們有時間但沒錢，就必須用更多時間去省下金錢，才能更有效運用手中的每一分錢。
> $ 當你正在邁向成功之路時，不要忘了休息，因為健康才是最大的財富！

向宇宙下訂單！
相信吸引力法則：先花錢才賺錢

　　我相信很愛存錢的你，看到現在可能心有戚戚焉，每個人一定都是從沒錢存到有錢，也從沒有收入變成有收入，慢慢練習成為自己金錢的主人，更培養了許多關於「花錢」的能力。

　　我常常在 Podcast 節目中討論「金錢的價值」，其實我對金錢是非常沒有安全感的，在每個月底時，還會很變態地把存款轉到其他戶頭，提醒自己「你沒有很有錢！你要重新開始繼續賺錢！」

　　就算有了穩定的收入，也從來不習慣對自己好一點，只要飯店一個晚上超過 5,000 元，只要一份日本料理超過 3,000 元，我就會開始有一點心虛，開始思考：自己真的有需要過得這麼享受嗎？賺錢明明很辛苦的！

　　賺錢真的很辛苦，所以要好好花錢，善待辛苦努力的自己。你認為錢可以買到快樂嗎？我相信是可以的！但是當你月薪、年薪超過一定的收入時，就不一定了。有篇文

章統計過，只要年薪超過 180 萬，可能會變得容易不快樂。因為當你買下奢侈品，不再容易招來別人羨慕的眼光，大家反而可能覺得「你身上本來就應該要有這些東西！」當快樂的門檻變高了，想要快樂也變得不容易了。

以前為了買下一個名牌包，可能要花半年的存款，還要一次找三家代購，最後選擇一個折扣最多的信用卡。可是現在身邊有些人每個月就買一個名牌包，如果這樣買東西的「快感」變少了，那麼快樂也就更難了。

「金錢本來就是流動的，節省不會讓你富有！」我一直很相信吸引力法則，像是常常在網路上看到什麼好物，就自己下單來用用看。也不知道為什麼，過幾個月廠商就會找上門，突然多了一些合作的機會。

現在的自媒體風氣不同於以往，以前藝人只要沒收代言費，就絕對不會輕易說出喜愛的品牌；可是現在 KOL 們在網路上總是大肆分享自己的愛用品，自己先愛用了以後，品牌廠商就會看到你，於是搭起了一座友誼的橋樑。所以我很相信，**「你要先學會花錢，你才會賺更多錢！」**

鑽研理財許久的我，日前讀完了一本書《有錢人跟你想的不一樣》，書中教了許多關於「有錢人思維」，令我最震撼的莫過於「逼我花錢」，**作者希望每一個想成為有**

錢人的人，都必須把月收入的 10% 至 20% 花掉！

如果今天是月底，你就必須要把錢花完！搭計程車去做全身精油按摩、欣賞一次 4D 電影、吃一頓和牛鐵板燒，都好！既然賺錢就是這麼辛苦，真的不要忘記對自己好一點，有好的心情、好的狀態才有力氣去更認真工作。

像是在 2022 年的下半年，我也做了一個很大的決定，就是再租一間工作室！因為當時搬出家裡後，為了工作方便，員工們都在我房間外工作，我每天醒來走出房間就能工作、梳化，雖然很方便，但確實少了一些隱私。

雖然以成本考量來說，確實又是一大筆花費，但我認為「工作和生活」有分開的必要，於是經過了整整一年的思考，我決定再租下一間工作室，日後拍片、錄音、開會等工作行程，就可以和我的私領域完全分開。

新的一年擁有新的思維，讓我們一起練習向宇宙下訂單，相信吸引力法則——越努力的人就越幸運，整個宇宙都會聯合起來幫助你的！

投資理財，有賺有賠
投資自己，穩賺不賠

以目前自媒體的工作形式來說，雖然跟大家印象中的「創業」還是有點差別，但其實我們確實在「創業」沒錯，只是我們的工作團隊形式以「人」為主體，透過影片、直播、業配、團購不同的商業合作運轉，除了線上活動外，我們也能結合線下服務，像是主持、出席、演唱、演講，讓自己的事業體盡量可以多元發展。

2021 年三級警戒最嚴重時，我所有校唱、演講、主持全部取消，幸好當時頻道經營得有聲有色，用最快的速度把商業合作轉為線上形式，也開發團購帶貨，養成了一群刷卡鐵粉。以業績表現來說，並沒有在三級警戒這幾個月流失太多。

雖然這本書一直在討論關於「投資理財，有賺有賠！」但其實最重要的是「投資自己，穩賺不賠！」當你手上資金還沒多到可以投資時，除了小筆定期定額投入外，剩下的金額請記得拿去投資你自己！

如何投資自己的軟實力：

1. **學習第二、第三外語（像我目前就在學韓文，希望未來有機會主持韓星見面會！）**

2. **學習不同的應用程式（修圖、剪輯、剪片，現在不論各大行業都需要好好行銷，多會一種程式絕對加分！）**

3. **學會自媒體經營（各行各業現在都需要行銷人才，能好好經營社群，就能讓自己的產品被更多人看見！）**

4. **累積自己的人脈存摺（認識更多對自己事業上有幫助的朋友，透過互相交流，創造新的商業模式！）**

學習是永遠無法停止的！如果當一個人覺得自己夠厲害，最後停止學習，那將會是一件很可怕的事情！因為他絕對無法因應時代的潮流，掌握現在商業模式的轉變，總有一天會讓金錢流失而不自覺。

像是這一年我們合作非常多新的品牌，傳統的麵包店、糕餅店投入團購產業，一開始對於網站經營、合約簽訂都相對不熟悉，坦白說我們公司必須花很多時間成本溝通，不過如果開發成功了新的品項，偶爾也會小兵立大

功，這些新鮮貨意外創造出驚人的業績！

只要願意開始，就永遠不會來不及：

1. **對這個世界抱持著好奇心**
2. **所有新鮮的合作來者不拒**
3. **絕對不和工作夥伴交惡**

我因為身分的轉變，從記者到主持人，從幕後轉到幕前，確實經歷過許多風風雨雨，自己從來也沒想過熱愛當員工的我，有一天「必須」成為老闆，而且是一段如此痛苦的轉變和經歷。

雖然我很常說，我做的事情從來沒有變過，我喜歡採訪、我喜歡報導、我喜歡分享，只是我一直很希望「我做的東西是有人看的！」所以我從過去的傳統媒體轉戰新媒體，最後從新媒體玩出了自己的自媒體。

這些學習的過程帶給我滿滿的養分，每一天睜開眼睛時，總有許多新的挑戰要面對，也很興奮期待著，未來還有什麼好玩的事情即將發生！

理財班主任金語錄

                                          ···

\$ 當你手上資金還沒多到可以投資時，除了小筆定期定額投入外，剩下的金額請記得拿去投資你自己！

\$ 當一個人覺得自己夠厲害，最後停止學習，那將會是一件很可怕的事情！因為他絕對無法因應時代的潮流，掌握現在商業模式的轉變，總有一天會讓金錢流失而不自覺。

致現在正在辛苦的你、
未來即將成為有錢人的你

「我們不能選擇在什麼樣的家庭出生，但我們可以選擇成為什麼樣的人。」每個人的家庭背景都不同，不曉得你現在正在經歷什麼樣的辛苦，可能要幫家人還債、可能正在找尋有興趣的工作、可能正在擔心自己的未來。

我們知道**「錢不是萬能的，但是沒有錢萬萬不能！」**如果可以提早支配自己的人生，那我希望自己可以「更有選擇權」，有錢並不能完成所有的夢想，但至少可以讓你擁有更多選擇權。

希望未來可以點餐不用看價錢、搭飛機可以升等坐商務艙、假日可以去住飯店犒賞一下自己、懶得走路的時候還能搭計程車代步，生活中的每一個享受都需要更多的「預算」，從現在開始累積自己的財富存摺。

尤其這幾年「被動收入」和「財富自由」概念這麼夯，每個人都希望可以提早退休，過自己想要的生活。但

是說得容易，做起來卻很難，如果想要打造自己的未來藍圖，就應該好好替自己規畫下一步。

所以要學會記帳、學會理財、學會投資自己、學會用錢賺錢，因為我們都知道「節省不會讓你富有」。除了節流，更重要的是「開源」，讓自己擁有更多能力去拓展事業版圖，找到自己更大的價值。

「沒有人不想當有錢人，但不是每個人都能夠成為有錢人。」開始思考自己現在的工作是否有未來，開始想想自己下一步應該要往哪走，開始安排未來想要成為什麼樣的人？或許我們不一定要成為別人的老闆，但一定要成為自己生活的主人。

現在就練習寫下自己的三個夢想，心中默唸著「我要變成有錢人！」：

1.＿＿＿＿＿＿＿＿＿＿＿＿＿＿＿＿＿＿＿＿＿＿＿＿＿

2.＿＿＿＿＿＿＿＿＿＿＿＿＿＿＿＿＿＿＿＿＿＿＿＿＿

3.＿＿＿＿＿＿＿＿＿＿＿＿＿＿＿＿＿＿＿＿＿＿＿＿＿

致未來的有錢人：

　　相信在不久的未來，各位老闆也正在閃閃發光完成自己的夢想，把過去所有的幻想變成夢想，小時候那些嘴上說說的玩笑話，有一天你都能一一實現！無論未來如何，我們一定要記住一件事：「不管今天賺了多少錢，快樂才是最有價值的寶藏！」

趕走窮人思維，靠自己成為富一代

圓神出版事業機構
用心與你對話·視野無限寬廣

如何出版社
Solutions Publishing

www.booklife.com.tw

reader@mail.eurasian.com.tw

Happy Fortune 020

趕走窮人思維，靠自己成為富一代

你阿公都看得懂的理財書！

作　　者／關韶文
發 行 人／簡志忠
出 版 者／如何出版社有限公司
地　　址／臺北市南京東路四段50號6樓之1
電　　話／（02）2579-6600·2579-8800·2570-3939
傳　　真／（02）2579-0338·2577-3220·2570-3636
副 社 長／陳秋月
副總編輯／賴良珠
專案企畫／尉遲佩文
責任編輯／柳怡如
校　　對／關韶文·林榆晨·卓俊廷·邱辰蓁·柳怡如·張雅慧
美術編輯／蔡惠如
行銷企畫／陳禹伶·黃惟儂
印務統籌／劉鳳剛·高榮祥
監　　印／高榮祥
排　　版／莊寶鈴
經 銷 商／叩應股份有限公司
郵撥帳號／18707239
法律顧問／圓神出版事業機構法律顧問　蕭雄淋律師
印　　刷／國碩印前科技股份有限公司
2022年11月　初版

定價 400 元　　　　ISBN 978-986-136-640-1

千萬不要害怕未知，因為我們可以學到很多，尤其理財這條路上，從現在開始學習，打通觀念後，就能夠趕走守舊的思想，打造屬於你的「金錢腦袋」！

——《趕走窮人思維，靠自己成為富一代》

◆ **很喜歡這本書，很想要分享**

圓神書活網線上提供團購優惠，
或洽讀者服務部 02-2579-6600。

◆ **美好生活的提案家，期待為您服務**

圓神書活網 www.Booklife.com.tw
非會員歡迎體驗優惠，會員獨享累計福利！

國家圖書館出版品預行編目資料

趕走窮人思維，靠自己成為富一代：你阿公都看得懂的理財書！／關韶文著.
-- 初版. -- 臺北市：如何出版社有限公司，2022.11
240 面；14.8×20.8公分 --（Happy fortune；20）

ISBN 978-986-136-640-1（平裝）
11.CST: 個人理財 2.CST: 投資
563   111015386